DARRELL &
MÁRCIA MARINHO

#ficaadica

100 atitudes que podem mudar o dia a dia do **sexo** no seu **casamento**

UNITED PRESS
UM SELO EDITORIAL HAGNOS

Revisão
Josemar de Souza Pinto

Capa
Maquinaria Studio

Fotografia da capa
José Ruiz

Diagramação
Felipe Marques

1ª edição - Setembro de 2017

Editor
Juan Carlos Martinez

Coordenador de produção
Mauro W. Terrengui

Impressão e acabamento
Imprensa da Fé

Editora Hagnos Ltda.
Av. Jacinto Júlio, 27
04815-160 - São Paulo - SP - Tel.: (11) 5668-5668
hagnos@hagnos.com.br - www.hagnos.com.br

Dados Internacionais de Catalogação na Publicação (CIP)
(Angélica Ilacqua CRB-8/7057)

Passo Sobrinho, Darrell Marinho do
#Fica a dica : 100 atitudes que podem mudar o sexo do seu casamento / Darrell Marinho do Passo Sobrinho e Márcia Marinho. -- São Paulo : Hagnos, 2017.

ISBN 978-85-243-0541-2

1. Aconselhamento matrimonial 2. Sexo no casamento 3. Comunicação no casamento 4. Qualidade no relacionamento conjugal I. Título II. Sobrinho, Darrell Marinho do Passo

17-1027 CDD 248.844

Índices para catálogo sistemático:

1. Aconselhamento matrimonial

Editora associada à:

abdr
Respeite o direito autoral

Por essa razão, o homem deixará pai e mãe e se unirá à sua mulher, e eles se tornarão uma só carne.
(Gn 2.24)

Supergratos

Em todo agradecimento podemos correr o risco de esquecer de alguém ou não sermos tão justos com aqueles que nos inspiram, nos apoiam e ajudam a fazer essa obra tão linda.

Por conta disto, neste projeto queremos tributar toda a honra e glória e nosso mais profundo agradecimento a Deus.

Foi ele que projetou o sexo, que nos presenteou com a possibilidade de dar e receber prazer. Foi ele que criou homem e mulher e decidiu que fôssemos uma só carne, para que, dentro do casamento, pudéssemos aproveitar o máximo esse presente que ele nos deu.

A ele todo o nosso agradecimento.

Prefácio

É com grande alegria que recomendamos a leitura desse material tão precioso e importantíssimo para os casais que querem sucesso e alegria na sua jornada a dois.

Nós que ministramos há mais de 20 anos em vários países do mundo e em todo o Brasil, sabemos da importância de um trabalho como esse para enriquecer a vida de um casal.

Antes de falar do livro, queremos falar dos autores a quem indicamos e reconhecemos como chamados por Deus para abençoar casais e famílias. O grande diferencial que vemos na vida de Darrell e Marcia é que possuem autoridade para falar do assunto - o que torna essa leitura ainda mais empolgante. São pessoas que vivem o que pregam e pregam o que vivem e isso faz toda a diferença. Com um jeito todo peculiar, eles têm agitado as redes sociais e feito um trabalho que tem abençoado milhares de pessoas e nos inspirado a cada dia.

Quanto ao livro, ele aborda de forma leve e descontraída um tema que tem sido um grande desafio para muitos casais. Sexo é bênção de Deus. Ele criou o sexo e tem todo interesse em que desfrutemos o melhor de uma vida sexual abundante dentro do casamento, apesar de muita gente achar que o Diabo é doutor nesse assunto, ele nada sabe sobre isso. Deus, o inventor, fala sobre esse assunto na sua Palavra e os autores abordam o assunto de forma alegre e didática.

Temos certeza de que ao ler esse livro vários tabus, especialmente no meio cristão, serão removidos e você poderá desfrutar da plenitude de uma vida sexual abundante, que certamente é o plano de Deus para você!

Dedique-se a esse momento que Deus escolheu para sua vida. São 100 oportunidades de uma nova fase na sua vida sexual com as bênçãos de Deus para o seu casamento. Você vai se empolgar tanto que vai querer, como nós, compartilhar essa ideia.

Deus o abençoe e boa leitura!

Ricardo e Mairla Vasconcellos
Pastores e Líderes do Ministério Família de Sucesso

Entenda o final de tudo

Em nossas palestras temos trazido uma perspectiva que, de forma clara e rápida, mostra aos casais a importância de uma vida sexual saudável, cuidada e priorizada. Muitas mulheres têm ido ao delírio ao conhecer a perspectiva da churrascaria e mudam sua forma de encarar o sexo.

Se você ainda não foi a um de nossos eventos, analise essa ilustração com calma e observe como faz sentido.

Você, sem dúvida, conhece as churrascarias rodízio espalhadas por todas as grandes cidades do nosso país.

Talvez você já tenha ido a uma delas e se deleitado com aquela fartura de picanha, maminha, fraldinha, coração de galinha, peixes e, em algumas, *sushis* e massas.

O lema principal desses lugares é "coma à vontade", e normalmente as pessoas comem bem mais do que precisam. Elas saem saciadas, satisfeitas.

Uma coisa interessante que talvez você nunca tenha parado para perceber é que na frente de uma churrascaria rodízio nunca encontramos um vendedor de pipoca.

Diferentemente de parques, teatros ou cinema, em uma churrascaria rodízio você nunca encontrará na porta de saída aquele carrinho de pipoca.

E sabe por que não tem um carrinho de pipoca lá na frente? Porque as pessoas que estão saindo dali estão satisfeitas, saciadas, lembra?

Elas comeram o que tinha de melhor, desfrutaram de um banquete, com a maior qualidade e fartura possível. Como elas iriam agora comer pipoca? Claro que não!

A última coisa que elas querem é pipoca, pois já estão supersaciadas e felizes. Faz sentido?

Na sua vida sexual é a mesma coisa. Por mais que na rua estejam oferecendo "pipoca" de toda forma e por qualquer valor, quando você tem uma vida sexual plena, quando está satisfeito, saciado, não está com fome, você não se ilude com as "pipocas" que são oferecidas pelas "esquinas" da vida.

Para o seu cônjuge é a mesma coisa. Quando ele tiver em casa algo que o satisfaça, o deixe feliz, realizado, e ele se sinta bem, não só você irá blindar sua casa das armadilhas das "pipocas" do meio da rua, como terá um cônjuge louco para poder chegar na "churrascaria" de casa e desfrutar do banquete que Deus preparou para vocês no seu casamento.

Esta é a premissa do #*ficaAdica*. Prepare-se, envolva-se, reflita em cada dia e aproveite.

São 100 oportunidades para viver o melhor banquete do mundo, aí na sua cama, com o seu amor.

Vamos lá, esqueça-se de se alimentar de pipoca! Deus tem o melhor para saciar de vez a sua fome de amor!

Como utilizar melhor este livro

Apresentamos algumas sugestões:

1. Ore a Deus, pedindo a ele que construa em seu coração o desejo de viver um casamento segundo o propósito dele.
2. Separe um tempo todos os dias para se dedicarem a uma das dicas. Reflita e veja como aquilo pode fazer a diferença. Lembre-se de que as dicas são genéricas, mas poderão ajudar.
3. Faça tudo de coração aberto e lembre-se que no final ganha você, seu amor e a sua família.
4. Como tudo que se planta se colhe, queremos que você anote ao final de cada dica o resultado do que você colheu após ter tomado a atitude.
5. Quando você "colher", registre isso, tire uma foto e poste no Facebook, **www.facebook.com/darrellemarcia**, ou poste com a **#momentoA2**. Queremos viver esse momento com você.
6. Para que vocês possam ter melhor resultado com o livro, é sugerido que cada um tenha o seu exemplar, de forma que você possa escrever a cada dica o resultado que obteve em sua vida e depois refletir sobre o que deu certo e onde você pode melhorar.
7. Sugerimos também que uma vez por semana vocês possam sentar juntos, cada um com o seu livro, rever as anotações e avaliar do que cada um de vocês mais gostou.
8. A prática de anotar e refletir as dicas vai ajudar muito. Convém lembrar que você não precisa usar as dicas na ordem em que se encontram. Pode utilizá-las de modo aleatório e atender ao que você mais precisa naquele momento.
9. Caso você faça parte de alguma comunidade, se vocês quiserem fazer estudo em grupo sobre as dicas, isso pode

gerar um crescimento ainda maior. Procure seu pastor ou padre e sugira isso.

10. Em meio às dicas, algumas estarão marcadas como Dicas TOPS. Essas são as mais curtidas, comentadas e compartilhadas nas redes sociais. Quando você deparar com essas dicas, não esqueça de fazer o mesmo: copie-as e compartilhe nas suas redes sociais usando a **#ficaAdica #darrellemarcia**.

Oferecemos também um QR Code, para cada dica que o levará a um de nossos vídeos, onde você aprenderá mais sobre aquele assunto. É muito importante que ao final de cada dica você assista ao vídeo no YouTube e deixe seu comentário no vídeo, dizendo que você está lendo o livro. Será uma oportunidade ótima de interagirmos com você.

Caso não tenha um leitor de QR Code em seu celular, baixe na App Store, PlayStore ou Windows Store. Se quiser a lista de vídeos completa, acesse **www.youtube.com/momentoA2.**

Assistir aos vídeos juntos vai levá-los a terem mais comunhão e começarem a ver tudo por um mesmo ângulo. Muitos casamentos são impactados pela decisão dos cônjuges de investir tempo nele.

Temos visto que os casais que se dedicam a pelo menos dois vídeos por semana obtêm uma melhoria significativa no seu relacionamento.

A leitura das dicas sem a boa vontade para colocá-las em prática não irá melhorar o casamento. Portanto, mãos à obra. Seu casamento depende muito mais do que você vai fazer a partir de agora do que você fez ou não fez no passado.

Sejam muito bem-vindos a esta vida que valoriza o casamento e a família.

Prioridades

Muita gente se diz cansada, sem tempo, superatarefada, e termina não colocando o sexo como prioridade em seu casamento. Isso vai enfraquecendo um elo de grande intimidade no casal. Mas essa mesma pessoa, quando recebe um empurrãozinho para começar, se diverte e tem experiências de intimidade importantes no seu casamento. Não espere o empurrãozinho; atire-se!

#ficaAdica #AtitudenaCama #darrell&marcia

Quais desculpas você tem dado para deixar o sexo para depois? Para não considerá-lo uma prioridade na vida do casal? Escreva.

____

____

____

____

____

____

____

____

VÍDEO – COMO APIMENTAR O SEU CASAMENTO

Abra o seu aplicativo de **QR Code** no seu celular, aproxime a sua câmera da imagem e assista ao vídeo sobre o tema. Caso não tenha o aplicativo, acesse a página do YouTube: **youtube.com/momentoA2**

Entrega

DICA TOP + CURTIDA

Uma das grandes dicas para os maridos dividirem a cama à noite com a esposa é eles dividirem as tarefas domésticas durante o dia. Ajudar a arrumar as crianças para irem à escola, ajudar em alguma tarefa doméstica ou pelo menos não desarrumar irão ajudar os maridos a conquistar ainda mais a sua esposa.

Imbatível! Essa dica vai fazer a esposa se sentir ainda mais amada e à noite ela irá querer ser cortejada como uma rainha na cama também!

#ficaAdica #DividaAsTarefas #darrell&marcia

Escreva abaixo quais tarefas você pode dividir com sua esposa para conquistá-la ainda mais. Se você for a esposa, faça o mesmo e depois sente com seu amor para conversar sobre isso.

____

____

____

____

____

____

VÍDEO – COMO TER 12 HORAS DE SEXO NO SEU CASAMENTO

Abra o seu aplicativo de **QR Code** no seu celular, aproxime a sua câmera da imagem e assista ao vídeo sobre o tema. Caso não tenha o aplicativo, acesse a página do YouTube: **youtube.com/momentoA2**

Presente de Deus

Se imaginássemos o seu quarto como um jardim, a vida sexual de vocês estaria:

(A) Seca e sem vida
(B) Apática e precisando ser adubada
(C) Viva e florindo

Sexo é um presente de Deus. Independentemente da letra que você marcou, queremos dizer que você pode ter uma vida sexual melhor. Cuide, invista, dedique-se a essa área, pois tudo que você planta, você colhe, e nesse jardim a colheita pode ser diferente.

#ficaAdica #CuidandoDoSeuJardim #darrell&marcia

O que você tem plantado na sua vida sexual? É igual ao que você tem colhido? Escreva abaixo o que você pretende plantar de diferente para colher novos frutos no seu casamento.

____

____

____

____

VÍDEO – SEXO PRESENTE DE DEUS

Abra o seu aplicativo de **QR Code** no seu celular, aproxime a sua câmera da imagem e assista ao vídeo sobre o tema. Caso não tenha o aplicativo, acesse a página do YouTube: **youtube.com/momentoA2**

Comunicação

Adivinhação, sem dúvida, não é um dos ingredientes do casamento. Portanto, não fique frustrado (a) porque seu amor não fez isso ou não fez aquilo na hora do ato sexual. Se você não fala nem demonstra do que mais gosta, fica difícil ele (a) descobrir. **É importante que durante o ato você fale o que está sentindo**. Elogie sensualmente o que ele (a) acertou e interrompa delicadamente algo que não seja do seu agrado.

Se você vibra com o que é bom e, de forma delicada e sem estragar tudo, deixa claro do que não gosta, na próxima vez seu cônjuge vai repetir o que o (a) faz feliz e evitar fazer o que você não gosta.

#ficaAdica #faleTudo #darrell&marcia

Que tal você lembrar das coisas de que não gosta e das que gosta? Faça uma lista abaixo e depois sente e converse com seu amor. Escreva tudo.

VÍDEO – 6 PERGUNTAS QUE PODEM MUDAR SUA VIDA SEXUAL

Abra o seu aplicativo de **QR Code** no seu celular, aproxime a sua câmera da imagem e assista ao vídeo sobre o tema. Caso não tenha o aplicativo, acesse a página do YouTube: **youtube.com/momentoA2**

Conquista

Não existe casamento que já não tenha passado por uma "seca" na vida sexual. E qual o segredo para reativar a chama? Que tal tentar recuperar as coisas que atraíam vocês quando eram namorados? Um elogio, um bilhete amoroso, um chocolate ou um jantar surpresa podem ser simples e ter muito resultado.

#ficaAdica #CoisasSimples #darrell&marcia

Escreva abaixo as coisas simples que vocês faziam na época do namoro que você pode retomar agora.

VÍDEO – HÁBITOS PARA FORTALECER A RELAÇÃO À MODA ANTIGA

Abra o seu aplicativo de **QR Code** no seu celular, aproxime a sua câmera da imagem e assista ao vídeo sobre o tema. Caso não tenha o aplicativo, acesse a página do YouTube: **youtube.com/momentoA2**

Elogio

Será que alguém pode ter tesão por uma pessoa que só reclama? Que quando a encontra ela só aponta os seus defeitos? Se você está vivendo aquela fase de Dona Crítica ou sr. Reclamão, dê um basta nisso e esqueça o péssimo hábito de só enaltecer os defeitos e comece a procurar elogios no que há de bom em seu cônjuge.

#ficaAdica #nãoacritica #darrell&marcia

Do que você tem mais reclamado em seu cônjuge? Será que tem dado resultado? Escreva abaixo de um lado do que você tem reclamado e para cada item do qual você reclama anote duas boas características de seu cônjuge.

VÍDEO – 10 MANEIRAS DE FAZER SEU MARIDO FELIZ TODOS OS DIAS

Abra o seu aplicativo de **QR Code** no seu celular, aproxime a sua câmera da imagem e assista ao vídeo sobre o tema. Caso não tenha o aplicativo, acesse a página do YouTube: **youtube.com/momentoA2**

Prioridades

Saiam, saiam, saiam, saiam. Vocês precisam ter um passeio de casal, sem filhos, sem amigos, e para namorar. Se isso é algo distante no seu relacionamento, comece a praticar. Planeje-se para encontros assim, pelo menos uma vez por mês, nem que para tomar um sorvete na esquina. Então evolua para uma *pizza*, um cinema, e quem sabe saírem um dia para dançar. Esse tipo de programa estimula o namoro e leva a uma vida sexual mais ativa.

#ficaAdica #tempodeamar #darrell&marcia

Escreva abaixo qual o próximo programa de vocês dois. Só de vocês dois. Dia, hora e local.

VÍDEO – TEMPO DE AMAR

Abra o seu aplicativo de **QR Code** no seu celular, aproxime a sua câmera da imagem e assista ao vídeo sobre o tema. Caso não tenha o aplicativo, acesse a página do YouTube: **youtube.com/momentoA2**

Comunicação

O sexo é um instrumento para procriação, comunicação e aproximação do casal, mas também é um instrumento de prazer. E, se você não está tendo prazer, precisa rever o que está acontecendo, pois isso é uma brecha enorme que se abre para a traição e o descontentamento no seu casamento. Converse, fale o que você está sentindo e principalmente o que não está sentindo. Seu cônjuge precisa saber o que faz você "virar os olhinhos".

#ficaAdica #SexoTemPrazer #darrell&marcia

Você tem tido prazer na sua vida sexual? O que falta para isso? Que tal escrever abaixo e conversar a respeito disso com seu amor?

VÍDEO – 6 BENEFÍCIOS MUITO IMPORTANTES DO SEXO NO SEU CASAMENTO

Abra o seu aplicativo de **QR Code** no seu celular, aproxime a sua câmera da imagem e assista ao vídeo sobre o tema. Caso não tenha o aplicativo, acesse a página do YouTube: **youtube.com/momentoA2**

Conquista

Se tem algo que encanta uma mulher, é mostrar para as outras que ela tem um marido apaixonado. **Quer conquistá-la? Declare-se em público para ela.** Pode ser numa mesa de amigos, num almoço em família ou mesmo no trabalho dela. Dê um tiro certo e ressalte publicamente quanto ela é importante para você. Ela vai se derreter todinha e, claro, depois disso você a terá ainda mais apaixonada.

#ficaAdica #FaçaDiferente #darrell&marcia

Programe abaixo qual será a atitude que você tomará para conquistá-la ainda mais em público.

VÍDEO – 10 MANEIRAS DE FAZER SUA ESPOSA FELIZ TODOS OS DIAS

Abra o seu aplicativo de **QR Code** no seu celular, aproxime a sua câmera da imagem e assista ao vídeo sobre o tema. Caso não tenha o aplicativo, acesse a página do YouTube: **youtube.com/momentoA2**

Comunicação

Você já deve ter ouvido falar que a soberba precede a queda. Isso é claro para todos nós. E sabe o que precede o sexo? O diálogo. Sem ele no relacionamento, sua vida sexual ficará muito mais difícil. Mais diálogo, mais sexo saudável.

#ficaAdica #dialogomaissexo #darrellemarcia

Qual foi a última vez em que vocês sentaram para conversar sobre sexo? Escreva abaixo os assuntos que precisam ser tratados.

VÍDEO – 5 MARCAS DE UM CASAMENTO FRACASSADO

Abra o seu aplicativo de **QR Code** no seu celular, aproxime a sua câmera da imagem e assista ao vídeo sobre o tema. Caso não tenha o aplicativo, acesse a página do YouTube: **youtube.com/momentoA2**

Conquista

Quer seduzir seu marido? Crie um jogo de sedução. Homens adoram jogos, *vídeo game*, futebol, cartas, e agora ele vai entrar em um joguinho com você. Combine coisas com ele, como uma toalha na janela ou uma colcha vermelha na cama, um pote de Nutella, como um sinal de que a noite será especial. Ele vai ficar sempre na expectativa, e isso dará um clima diferente para vocês.

É um sinal que só vocês entendem, que, se estiverem expostos, significa que os caminhos estão livres, que hoje é dia de festa.

#ficaAdica #jogosdeamor #darrellemarcia

Qual será o jogo? Escreva abaixo, planeje-se e depois relate como foi a experiência para vocês.

VÍDEO – 5 FORMAS DE SEDUZIR O SEU MARIDO

Abra o seu aplicativo de **QR Code** no seu celular, aproxime a sua câmera da imagem e assista ao vídeo sobre o tema. Caso não tenha o aplicativo, acesse a página do YouTube: **youtube.com/momentoA2**

Intimidade

Há casais que limitam a relação sexual apenas ao ato em si. Saiba: **a intimidade de um casal pode ir muito além do ato físico**. Procure investir em momentos de proximidade do casal, que não tenham necessariamente a ver com o ato sexual em si. Eles podem ser um alicerce para uma vida sexual ativa.

#ficaAdica #MuitoMaisdoQueSexo #darrell&marcia

Quais momentos de intimidade vocês têm, fora o momento em que estão na cama? Vocês têm construído uma intimidade fora da cama? Ou só ficam "nus" para o ato sexual? Escreva abaixo.

VÍDEO – 5 SEGREDOS DA INTIMIDADE

Abra o seu aplicativo de **QR Code** no seu celular, aproxime a sua câmera da imagem e assista ao vídeo sobre o tema. Caso não tenha o aplicativo, acesse a página do YouTube: **youtube.com/momentoA2**

Perigo

Quando alguém fica viciado em pornografia, as cenas que ele vê nos filmes, *sites* e revistas ficam impregnadas em sua mente. Quando esse homem mantém uma relação sexual com sua esposa, ele está apenas usando o corpo dela, porque a pessoa da sua fantasia é aquela que ele viu ou está vendo. Assim, ele mantém relação com a esposa e, ao mesmo tempo, comete adultério contra ela, por estar imaginando outra.

#ficaAdica #pornografiaTofora #darrellemarcia

A pornografia ronda sua casa? Vídeos em grupos de WhatsApp? *Sites* com imagens pornográficas nas buscas? Quais locais você precisa evitar? De que grupos precisa sair? Escreva abaixo.

VÍDEO – PORNOGRAFIA #TOFORA

Abra o seu aplicativo de **QR Code** no seu celular, aproxime a sua câmera da imagem e assista ao vídeo sobre o tema. Caso não tenha o aplicativo, acesse a página do YouTube: **youtube.com/momentoA2**

Prioridade

DICA TOP + CURTIDA

A falta de investimento na vida sexual do casal faz que muitos homens usem as mulheres à noite e nem se lembrem dela durante o dia. Talvez por isso tenhamos tanta mulher fugindo na hora H. **Se você quer melhorar o que acontece na sua cama, lembre-se de agradá-la durante o dia e cultivar o que você quer colher.**

#ficaAdica #CuideDeDiaParaPoderTerNoite #darrell&marcia

O que você pode fazer para agradar mais o seu cônjuge? O que você tá fazendo que afasta vocês? Escreva abaixo.

VÍDEO – 12 MOTIVOS QUE LEVAM À SEPARAÇÃO

Abra o seu aplicativo de **QR Code** no seu celular, aproxime a sua câmera da imagem e assista ao vídeo sobre o tema. Caso não tenha o aplicativo, acesse a página do YouTube: **youtube.com/momentoA2**

Presente de Deus

Nenhuma técnica sexual pode remediar um relacionamento emocional pobre. Se você não está bem emocionalmente, **não é apimentando a cama que vai suprir o que falta em seu coração**. Cuide das feridas emocionais e trate do que precisa ser tratado com cuidado, para que você possa desfrutar de tudo que a vida sexual pode oferecer a vocês dois.

#ficaAdica #CureAsFeridas #darrell&marcia

Quais são as feridas que ainda afastam vocês? Tem algo a ser resolvido? Escreva abaixo o que é e como você pretende resolver.

VÍDEO – 3 COISAS QUE TODO MARIDO DETESTA

Abra o seu aplicativo de **QR Code** no seu celular, aproxime a sua câmera da imagem e assista ao vídeo sobre o tema. Caso não tenha o aplicativo, acesse a página do YouTube: **youtube.com/momentoA2**

Conquista

Há coisas na vida sexual que cansam. Mesma posição, mesmo dia, mesma hora, mesmo começo e mesmo fim. **Você pode fazer diferente.** Aplique uma massagem de corpo inteiro um no outro usando um hidratante agradável. Relaxem e desfrutem um tempo só para vocês dois com muita paciência e sem pressa para terminar aquele momento que foi reservado para vocês desfrutarem do melhor um do outro.

#ficaAdica #MudeUmPouco #darrell&marcia

Como foi para você esse momento? Descreva abaixo a reação do seu amor.

VÍDEO – 8 PASSOS PARA SER FELIZ

Abra o seu aplicativo de **QR Code** no seu celular, aproxime a sua câmera da imagem e assista ao vídeo sobre o tema. Caso não tenha o aplicativo, acesse a página do YouTube: **youtube.com/momentoA2**

Perigo

Tem um tipo de homem que deseja que sua mulher trabalhe fora de casa para não ficar no seu pé. Outro tipo quer que ela deixe o trabalho para se dedicar mais à casa. Mas os dois querem uma mulher que esteja disponível 24 horas para o sexo, por mais que eles não estejam disponíveis para amá-la como deviam nas mesmas 24 horas. É óbvio que isso gera um conflito. Se você não dá o que sua esposa quer, como vai querer colher?

#ficaAdica #DeUmLadoeDoOutro #darrell&marcia

Você tem se dedicado tanto quanto tem cobrado do seu amor? Escreva abaixo em que área você está pedindo mais do que está dando.

VÍDEO – 7 MANEIRAS DE FAZER SEU MARIDO INFELIZ.

Abra o seu aplicativo de **QR Code** no seu celular, aproxime a sua câmera da imagem e assista ao vídeo sobre o tema. Caso não tenha o aplicativo, acesse a página do YouTube: **youtube.com/momentoA2**

Presente de Deus

Deus criou o casamento para que nele o prazer sexual pudesse ser usufruído de forma plena, pura e com prazer de verdade. Tanto assim que ele deu a homens e mulheres a capacidade de sentir e dar prazer. Se no seu casamento o prazer é algo distante na sua vida sexual, algo está errado, e vocês precisam conversar e mudar isso.

#ficaAdica #TemQueTerPrazer #darrell&marcia

Você já falou para o seu amor quando tem prazer e de que forma? Ele (a) conhece bem essa área?

VÍDEO – O MITO DO PRAZER NO SEXO

Abra o seu aplicativo de **QR Code** no seu celular, aproxime a sua câmera da imagem e assista ao vídeo sobre o tema. Caso não tenha o aplicativo, acesse a página do YouTube: **youtube.com/momentoA2**

Intimidade

Como os homens não dedicam tanto tempo para entender as mulheres, terminam querendo agir com elas como acham que funciona com eles. Ledo engano. Entender as diferenças de vocês é fundamental para que você possa extrair o que há de melhor em seu cônjuge e possa ter um sexo saudável em seu casamento.

#ficaAdica #completamentediferente #darrell&marcia

Com base no que você leu acima, que atitude você se lembra de ter usado com sua esposa que funciona com você mas não funciona com ela? E você, esposa, o que ele já usou e foi um engano?

VÍDEO – 7 HÁBITOS DOS MARIDOS FRACASSADOS

Abra o seu aplicativo de **QR Code** no seu celular, aproxime a sua câmera da imagem e assista ao vídeo sobre o tema. Caso não tenha o aplicativo, acesse a página do YouTube: **youtube.com/momentoA2**

Perigo

Muitos homens e mulheres nos procuram depois de uma traição e nos falam que não conseguiram se controlar. Que a tentação era grande e terminaram se entregando a um sexo rápido. A nossa pergunta sempre é: como você não se controla? Se você estiver numa fila de banco com vontade de fazer suas necessidades fisiológicas, faz na fila mesmo? Ou você sai, procura um sanitário mais próximo e faz o que precisa? Então, não tem essa de animal irracional; você pode, sim, se controlar e buscar um sexo saudável em casa.

#ficaAdica #traicaoNAO #darrell&marcia

O que você tem feito que pode ser uma brecha para uma traição? Que comportamentos seus colocam em risco o seu casamento?

VÍDEO – POR QUE AS PESSOAS TRAEM

Abra o seu aplicativo de **QR Code** no seu celular, aproxime a sua câmera da imagem e assista ao vídeo sobre o tema. Caso não tenha o aplicativo, acesse a página do YouTube: **youtube.com/momentoA2**

Intimidade

DICA TOP + CURTIDA

Todo homem sonhava que a mulher dele fosse automática, do tipo "ligou, pegou". Pois o homem é assim, muito parecido com aquele forno de micro-ondas, que, mal se aciona o botão de ligar, a comida já está pronta. Já a mulher é muito diferente, ela mais parece com aqueles fogões à lenha, em que se coloca a lenha, sopra, sopra, depois abana, coloca álcool, mais álcool e fica esperando o fogo pegar. No entanto, depois que pega, é muito difícil apagar. Bem diferente do homem, que, depois que apaga, é muito difícil pegar de novo.

Não é assim? Por isso precisamos entender o tempo e a forma de cada um para podermos extrair o melhor.

#ficaAdica #fornoalenhaemicroondas #darrellemarcia

Qual a forma certa de extrair o melhor do seu cônjuge? Pare, pense e escreva abaixo.

____

____

____

____

VÍDEO – 7 MANEIRAS DE FAZER SUA ESPOSA INFELIZ

Abra o seu aplicativo de **QR Code** no seu celular, aproxime a sua câmera da imagem e assista ao vídeo sobre o tema. Caso não tenha o aplicativo, acesse a página do YouTube: **youtube.com/momentoA2**

Perigo

Muitas pessoas até têm uma vida sexual normal, namoram, passeiam juntos, e até se divertem. Mas um dos dois está traindo, e claro que isso é uma bomba chiando que um dia irá destruir o casamento delas. Se esse é o seu caso, não ache que está fazendo a melhor coisa do mundo e que nunca será descoberto. Aos poucos, sem perceber, você está trilhando um caminho para destruir sua família, vivendo esse engano.

#ficaAdica #BombaChiando #darrell&marcia

Tem algo que você tem feito que coloca em risco sua família? Escreva aqui que atitudes você precisa mudar.

VÍDEO – 5 TIPOS DE CASAMENTO

Abra o seu aplicativo de **QR Code** no seu celular, aproxime a sua câmera da imagem e assista ao vídeo sobre o tema. Caso não tenha o aplicativo, acesse a página do YouTube: **youtube.com/momentoA2**

Presente de Deus

A Bíblia fala que o marido deve cumprir os seus deveres conjugais com sua mulher, e da mesma forma a mulher, para com o seu marido (1Co 7.3). **O sexo é direito dos dois e responsabilidade também.** Entender isso é muito importante para que o sexo não vire uma ferramenta de barganha ou um amuleto para prender a pessoa a você.

#ficaAdica #SexoDosDoisLados #darrell&marcia

Você já tratou o sexo como barganha? Já fez trocas com seu amor? Já usou de chantagem? Que atitudes podem ser diferentes agora? Escreva abaixo.

VÍDEO – PROXIMIDADE OU CONTROLE

Abra o seu aplicativo de **QR Code** no seu celular, aproxime a sua câmera da imagem e assista ao vídeo sobre o tema. Caso não tenha o aplicativo, acesse a página do YouTube: **youtube.com/momentoA2**

Prioridades

Oitenta por cento dos casais admitem que estão cansados demais para se preocuparem com sexo. Talvez por isso eles tenham uma vida sexual de migalhas, mesmo Deus dando um banquete dentro do seu casamento. E você? Qual o grau de importância do sexo para você? Você tem colocado sua vida sexual no lugar em que ela deveria estar? Ou a tem deixado em segundo plano? Mude as prioridades, e você mudará os resultados atingidos.

#ficaAdica #DeImportanciaAoQueEImportante #darrell&marcia

Qual a prioridade que o sexo tem na sua vida conjugal, de 0 a 10, sendo 0 = Nunca fazemos e 10 = Fazemos como prioridade? Escreva sobre como pode mudar isso.

VÍDEO – 7 PASSOS PARA SALVAR O CASAMENTO

Abra o seu aplicativo de **QR Code** no seu celular, aproxime a sua câmera da imagem e assista ao vídeo sobre o tema. Caso não tenha o aplicativo, acesse a página do YouTube: **youtube.com/momentoA2**

Perigo

Há muitos enganos pelo mundo, principalmente na internet. Um deles é de que, para ser feliz na vida sexual, você precisa fazer coisas, digamos, estranhas. Ser espancada, tornar-se escrava sexual, participar de atos de perversão sexual sob a alegação de manter o casamento para sempre não é o plano de Deus para sua vida. Sexo sem amor, sem romance, sem respeito, com dominação e sem diálogo não é sexo saudável, e um dia vai explodir, pois esse vício só cresce e aprisiona. Muitas mulheres se enganam, cedendo a alguns caprichos pensando em "amarrar" o marido, mas na verdade estão destruindo seu leito, que deve ser sem mácula.

#ficaAdica #LeitoSemMacula #darrell&marcia

O que você faz hoje que após ler essa dica começa a incomodar? Lembre-se: Se doeu, é seu.

____

____

____

____

____

____

VÍDEO – 50 TONS MAIS ESCUROS #TOFORA

Abra o seu aplicativo de **QR Code** no seu celular, aproxime a sua câmera da imagem e assista ao vídeo sobre o tema. Caso não tenha o aplicativo, acesse a página do YouTube: **youtube.com/momentoA2**

Conquista

O casamento é talvez o maior desafio da sua vida, e por conta disso você deveria dedicar mais tempo a isso. Muitas vezes nos dedicamos aos nossos filhos ou à nossa profissão, mas muito pouco ao nosso casamento. E a nossa vida sexual? Menos ainda, não é? A gente termina querendo extrair de algo que não plantamos, por isso muita gente se frustra. Casamento é se apaixonar todos os dias pela mesma pessoa e conquistá-la sempre.

#ficaAdica #Conquista #darrell&marcia

Você concorda que é um desafio, certo? Talvez o maior mesmo, mas nos preparamos pouco para isso. Pare e pense. O que você pode fazer para se preparar mais para o casamento? Assistir a mais vídeos (#TvA2), ler livros, ir a palestras, fazer cursos?

VÍDEO – 10 MANDAMENTOS NO CASAMENTO

Abra o seu aplicativo de **QR Code** no seu celular, aproxime a sua câmera da imagem e assista ao vídeo sobre o tema. Caso não tenha o aplicativo, acesse a página do YouTube: **youtube.com/momentoA2**

Perigo

Tem esposa que todos os dias recebe o marido com o pior que ela tem. Os problemas das crianças na escola, as contas para pagar, os desafios com os vizinhos e, claro, muitas reclamações sobre tudo de negativo que o marido fez ou deixou de fazer. Claro que esses erros das esposas só irão afastar o desejo sexual do marido e abrir uma brecha enorme para a traição.

#ficaAdica #SejaDoce #darrell&marcia

Como você tem recebido seu amor? Escreva abaixo formas diferentes de você recebê-lo (a).

VÍDEO – 7 HÁBITOS DAS ESPOSAS FRACASSADAS

Abra o seu aplicativo de **QR Code** no seu celular, aproxime a sua câmera da imagem e assista ao vídeo sobre o tema. Caso não tenha o aplicativo, acesse a página do YouTube: **youtube.com/momentoA2**

Conquista

Tem muita esposa que confunde ser sexy com ser sensual. Sensual não necessariamente corresponde a ser sexy. Ser sensual tem a ver com encantar. Uma mulher sexy, com o passar da idade, pode ver a beleza de seu corpo e sua vitalidade passarem, mas uma mulher sensual encanta o marido em todos os momentos, mesmo que não ocorra o ato sexual em si. Procure despertar a sensualidade que existe em você.

#ficaAdica #sensualidade #darrell&marcia

Você se acha sensual? Escreva abaixo as coisas em razão das quais você se acha sensual e o que pode fazer para despertar ainda mais essa característica.

VÍDEO – O PODER DAS PRELIMINARES

Abra o seu aplicativo de **QR Code** no seu celular, aproxime a sua câmera da imagem e assista ao vídeo sobre o tema. Caso não tenha o aplicativo, acesse a página do YouTube: **youtube.com/momentoA2**

Perigo

Sabe uma das coisas que faz seu marido não desejar você? É você sempre se colocar no papel de vítima, da mulher carente, que tudo sofre, e que é a "Amélia" de plantão. Esse tipo de mulher não seduz, não encanta e não desperta o desejo sexual em um marido. Chorar por tudo, reclamar de tudo e viver uma vida como se dependesse em tudo do marido não é a melhor forma de conquistá-lo. Seu marido quer uma esposa, e não uma filha ou uma empregada, muito menos uma escrava. Assuma seu papel.

#ficaAdica #AssumindoOPapel #darrell&marcia

Que atitudes você tem tido que revelam uma vitimização e só separam em vez de unir vocês. Escreve abaixo.

VÍDEO – COMO DEIXAR O PAPEL DE VÍTIMA

Abra o seu aplicativo de **QR Code** no seu celular, aproxime a sua câmera da imagem e assista ao vídeo sobre o tema. Caso não tenha o aplicativo, acesse a página do YouTube: **youtube.com/momentoA2**

Intimidade

Há mulheres que fingem o orgasmo há anos apenas para agradar o marido. Vivem um sexo de fachada, muitas vezes fazendo-o só por obrigação, em momentos, lugares e posições que não a agradam. Aparentemente estão tendo prazer, mas na verdade se sentem usadas. **Se é o seu caso, chegou a hora de falar a verdade e mudar essa realidade, para que haja sexo saudável para ambos os cônjuges.**

#ficaAdica #faleaverdade #darrell&marcia

Qual é a verdade que você ainda esconde? Será omissão um erro no relacionamento? Escreva abaixo.

VÍDEO – POR QUE AS PESSOAS NÃO FALAM A VERDADE

Abra o seu aplicativo de **QR Code** no seu celular, aproxime a sua câmera da imagem e assista ao vídeo sobre o tema. Caso não tenha o aplicativo, acesse a página do YouTube: **youtube.com/momentoA2**

Comunicação

Um dos grandes desafios para entender homem e mulher tem a ver com a inversão dos valores para um e para o outro. Normalmente o seu marido precisa de sexo antes de entrar em sintonia com a parte sentimental. Se ele teve sexo, acha que está tudo bem. Já a esposa acredita que primeiro vem o sentimento, para depois fazer o sexo. Fácil? Não, mas entender isso vai fazer você ter um sexo melhor.

#ficaAdica #EntenderParaAproveitar #darrell&marcia

Você já parou para pensar assim? E se vocês pudessem entender essa diferença de ritmo, quanto sua vida sexual seria melhor? Escreva abaixo.

____

____

____

____

____

____

VÍDEO – 4 AMIGOS DA COMUNICAÇÃO

Abra o seu aplicativo de **QR Code** no seu celular, aproxime a sua câmera da imagem e assista ao vídeo sobre o tema. Caso não tenha o aplicativo, acesse a página do YouTube: **youtube.com/momentoA2**

Perigo

É normal nos casos de traição haver variação na atividade sexual. Em alguns casos, o sexo fica totalmente em segundo plano, o casal começa a viver uma grande "seca" e quem está traindo já não procura mais o cônjuge. Em outro caso acontece o oposto: para não deixar pistas da traição, muitas vezes o traidor começa a simular um desejo repentino pelo sexo, a fim de que o cônjuge não desconfie da vida dupla, ou até como uma forma de tentar compensar pelo que ele (a) está fazendo fora do casamento.

#ficaAdica #AtencaoECuidado #darrell&marcia

A que você precisa dar mais atenção na sua vida A2 para não correr esse risco? Escreva abaixo.

VÍDEO – 12 SINAIS DA TRAIÇÃO

Abra o seu aplicativo de **QR Code** no seu celular, aproxime a sua câmera da imagem e assista ao vídeo sobre o tema. Caso não tenha o aplicativo, acesse a página do YouTube: **youtube.com/momentoA2**

Entrega

DICA TOP + CURTIDA

Se há uma coisa que a mulher odeia é que o marido ache que ela é uma "caixinha de esperma": que ele chegue lá, faça a obrigação dele, vá embora e pronto, acabou. Mulher quer, sim, ter prazer, se sentir amada. Se o marido a trata como se fosse um objeto, é certo que fará que ela se sinta a pior das mulheres e afetará muito a sua autoestima. Lembre-se que há mais felicidade em dar do que há em receber (At 20.35).

#ficaAdica #Valorize #darrell&marcia

A que você precisa dar mais atenção na sua vida A2 para não correr esse risco? Escreva abaixo.

VÍDEO – COMO SER FELIZ NA CAMA

Abra o seu aplicativo de **QR Code** no seu celular, aproxime a sua câmera da imagem e assista ao vídeo sobre o tema. Caso não tenha o aplicativo, acesse a página do YouTube: **youtube.com/momentoA2**

Entrega

DICA TOP + CURTIDA

Tem muito casamento em que a rotina da casa mais se parece com um hotel. As pessoas chegam, entram, comem, dormem em uma cama e podem até fazer sexo, mas vivem uma vida distante emocional e espiritualmente. Elas conversam, mas não se comunicam; se beijam, mas não sentem afeto; se encostam, mas não se tocam; até se olham, mas não se compreendem. Vivem uma solidão A2. Caso tal coisa aconteça na sua casa, é hora de mudar isso e entender que não é só fazer sexo; é se completar verdadeiramente.

#ficaAdica #SolidaoA2 #darrell&marcia

O que você pode fazer para não deixar que algo distancie vocês dois? O que pode distanciar ou está distanciando? O celular? Redes sociais? Amigos? Trabalho?

VÍDEO – POR QUE ESTAMOS JUNTOS E NOS SENTIMOS SÓS

Abra o seu aplicativo de **QR Code** no seu celular, aproxime a sua câmera da imagem e assista ao vídeo sobre o tema. Caso não tenha o aplicativo, acesse a página do YouTube: **youtube.com/momentoA2**

Presente de Deus

O sexo no casamento glorifica a Deus, honra o casamento e satisfaz os cônjuges. Isso existe em parte para evitar o adultério, que é algo que insulta a Deus, trai o casamento e humilha os cônjuges.

Quando privamos nosso cônjuge da bênção do sexo no casamento, nós o deixamos desprotegido, sujeito às tentações físicas e emocionais, que podem tornar o casamento vulnerável a armadilhas.

#ficaAdica #VencendoAstentacoes #darrell&marcia

Em quais situações você tem privado seu amor de um sexo saudável? No que você pode mudar?

____

____

____

____

____

____

____

VÍDEO – 7 SINAIS DE QUE SEU MARIDO ESTÁ FANTASIANDO SOBRE OUTRA MULHER

Abra o seu aplicativo de **QR Code** no seu celular, aproxime a sua câmera da imagem e assista ao vídeo sobre o tema. Caso não tenha o aplicativo, acesse a página do YouTube: **youtube.com/momentoA2**

Conquista

Tem muito marido que afasta a esposa porque quer chegar com muita sede ao pote, e procura atalhos, quando na verdade deveria trilhar por um caminho.

Amados, pode até ser mais longo, mas se chama caminho porque tem que ser percorrido, e **seguir o caminho que é necessário faz sua esposa se sentir mais valorizada, amada, e querer repetir aquilo muitas outras vezes**. Os atalhos só afastam dela o desejo de repetir aquilo. Talvez por isso tantas esposas tenham dores de cabeça em certas horas e o marido fique "chupando dedo".

#ficaAdica #CaminhoCerto #darrell&marcia

Quantas vezes você buscou atalhos? Qual atitude você precisa mudar para percorrer o caminho certo?

____

____

____

____

____

VÍDEO – 5 ATITUDES DO MARIDO EFICAZ

Abra o seu aplicativo de **QR Code** no seu celular, aproxime a sua câmera da imagem e assista ao vídeo sobre o tema. Caso não tenha o aplicativo, acesse a página do YouTube: **youtube.com/momentoA2**

Elogio

As mulheres se encantam pelo ouvir. Então, se você quer seduzir sua esposa, faça ela se sentir valorizada. Fale isso claramente. Declare-se. **Se tem uma coisa que faz qualquer mulher se derreter é a declaração de amor.** Reforce o que ela tem de positivo, quais as qualidades dela, e, de preferência, faça isso em público. Na frente da família, dos amigos ou no trabalho dela. Você vai ganhar pontos importantíssimos para sacar quando chegar em casa à noite.

#ficaAdica #declaracaoEamor #darrell&marcia

Qual a última vez que você se declarou para seu amor? Escreva abaixo quando será a próxima declaração e o que você vai dizer.

VÍDEO – PALAVRAS QUE MARCAM POSITIVAMENTE

Abra o seu aplicativo de **QR Code** no seu celular, aproxime a sua câmera da imagem e assista ao vídeo sobre o tema. Caso não tenha o aplicativo, acesse a página do YouTube: **youtube.com/momentoA2**

Perigo

Há esposas que são completamente frias, apáticas e sem graça quando o assunto é sexo. Para elas, isso é apenas uma obrigação e não se esforçam nem um pouco para que aquele momento seja empolgante e diferenciado. Claro, estão abrindo uma brecha enorme para a traição e levando seu casamento para o precipício. Isso precisa mudar. Se é o seu caso, você não precisa passar morna o resto de suas noites; pode esquentar sim. Leia 1Coríntios 7.3.

#ficaAdica #noitesmelhores #darrell&marcia

Você se considera apática quanto ao sexo? Marido, você acha que sua esposa é muito desinteressada nessa área? O que você pode mudar em relação a isso?

VÍDEO – 8 TIPOS DE ESPOSAS

Abra o seu aplicativo de **QR Code** no seu celular, aproxime a sua câmera da imagem e assista ao vídeo sobre o tema. Caso não tenha o aplicativo, acesse a página do YouTube: **youtube.com/momentoA2**

Presente de Deus

DIGA TOP + CURTIDA

Orar pela sexualidade do casal é muito importante. Muitas vezes oramos por uma série de coisas, consideradas mais urgentes, e esquecemos de incluir em nossa oração esse momento de intimidade tão importante do casal. Criar esse hábito pode dar à relação sexual de vocês um novo olhar, uma nova forma de vocês se encontrarem, e a certeza de que quem inventou o amor estará lá o tempo todo com vocês.

#ficaAdica #oracaodocasal #darrell&marcia

Você já orou por sua área sexual? Para manter o ânimo? Para Deus blindar vocês de qualquer tentação? Escreva abaixo os motivos pelos quais você precisa orar.

VÍDEO – CASAIS INTELIGENTES ORAM JUNTOS #1

Abra o seu aplicativo de **QR Code** no seu celular, aproxime a sua câmera da imagem e assista ao vídeo sobre o tema. Caso não tenha o aplicativo, acesse a página do YouTube: **youtube.com/momentoA2**

Intimidade

Sabe o que falta a muitos casais? A intimidade sexual, que vai muito além do ato em si. Ter intimidade sexual faz que vocês se sintam confortáveis um com o outro e não vejam a atividade sexual como uma rotina, mas, sim, como uma forma de se completarem. Para isso é importante que vocês tenham interesse genuíno um no outro, satisfação e capacidade de discutir questões relativas ao sexo. Comece agora.

#ficaAdica #IntimidadeSexual #darrell&marcia

O que falta para que vocês tenham intimidade total? Escreva abaixo e depois sente para conversar.

VÍDEO – AS 7 MAIORES FALTAS NO CASAMENTO

Abra o seu aplicativo de **QR Code** no seu celular, aproxime a sua câmera da imagem e assista ao vídeo sobre o tema. Caso não tenha o aplicativo, acesse a página do YouTube: **youtube.com/momentoA2**

Perigo

A falta de frequência na atividade sexual e a falta de tesão e de interesse levam as pessoas a não se preocuparem mais com sua aparência física e a se descuidar de seu corpo. Muitas mulheres já não se maquiam, não se arrumam, não cuidam da alimentação, e homens depois que se casam já não fazem a barba nem cuidam do seu corpo. Isso leva a uma constante diminuição do desejo, e o sexo fica algo distante e muitas vezes não prazeroso. Se isso acontece no seu casamento, é hora de mudar, antes que ele venha a afundar.

#ficaAdica #MudancaJa #darrell&marcia

O que falta para que vocês tenham intimidade total? Escreva abaixo e depois sente para conversar.

VÍDEO – OS 7 PECADOS CAPITAIS NO CASAMENTO

Abra o seu aplicativo de **QR Code** no seu celular, aproxime a sua câmera da imagem e assista ao vídeo sobre o tema. Caso não tenha o aplicativo, acesse a página do YouTube: **youtube.com/momentoA2**

Presente de Deus

Muita gente se engana achando que Deus é contra o sexo e que isso é coisa que não deve ser falada abertamente. Talvez por isso **o sexo seja a coisa que mais pensamos e que menos conversamos. O que mais queremos e o que menos procuramos aprender**. Você e seu amor por exemplo têm o hábito de conversar sobre sexo? Já leram livros ou estudaram sobre como melhorar sua vida sexual?

Que tal lerem juntos o livro bíblico de Cantares?

#ficaAdica #aprendendoJuntos #darrell&marcia

Escreva abaixo o que mais chamou sua atenção no livro bíblico de Cantares.

VÍDEO – CASAMENTO - PRESENTE DE DEUS

Abra o seu aplicativo de **QR Code** no seu celular, aproxime a sua câmera da imagem e assista ao vídeo sobre o tema. Caso não tenha o aplicativo, acesse a página do YouTube: **youtube.com/momentoA2**

Conquista

Os homens esperam, sim, que a esposa supra suas expectativas quanto à realização sexual. Enganam-se as esposas que pensam que apenas o ato sexual é suficiente. Homem gosta, sim, de clima de amor, de sedução, de demonstrações de afeto, de toque, beijos e abraços apertados antes e depois do ato. Gosta também que a esposa tome a iniciativa e o surpreenda com isso. Quem sabe hoje não é o dia de você tomar essa iniciativa. **Surpreenda.**

#ficaAdica #Carinho #darrell&marcia

Como foi para você tomar a iniciativa?

VÍDEO – 6 PASSOS PARA TER MAIS ROMANCE NA SUA VIDA SEXUAL

Abra o seu aplicativo de **QR Code** no seu celular, aproxime a sua câmera da imagem e assista ao vídeo sobre o tema. Caso não tenha o aplicativo, acesse a página do YouTube: **youtube.com/momentoA2**

Perigo

O sexo é como um rio: quando ele corre dentro do seu leito, leva vida por onde passa; mas quando sai do leito, ele gera transtorno, caos e morte. Não abra brecha para o sexo fora do seu casamento: isso vai levar a destruição do bem mais precioso que você tem, que é a sua família.

#ficaAdica #SexoSeguro #darrell&marcia

Quais riscos você acredita que corre hoje em seu casamento quando se pensa em traição? Quais brechas estão abertas e precisam ser fechadas?

VÍDEO – CASAMENTO À PROVA DE TRAIÇÃO

Abra o seu aplicativo de **QR Code** no seu celular, aproxime a sua câmera da imagem e assista ao vídeo sobre o tema. Caso não tenha o aplicativo, acesse a página do YouTube: **youtube.com/momentoA2**

Entrega

Que tal variar as posições sexuais para descobrir novas formas de prazer? Não tem nada de pecado e pode ser o que faltava para vocês se sentirem melhores e mais realizados. Esse detalhe pode fazer a diferença na sua cama. Tente, experimente. **Se os dois consentirem e não desagradar a Deus, pode, sim, ser praticado em sua cama.**

Leia na Bíblia o livro de Cantares.

#ficaAdica #VariarParaAmar #darrell&marcia

Em que nova posição ou de que outra forma você pode fazer amor? Escreva abaixo suas ideias.

VÍDEO – O QUE PODE E O QUE NÃO PODE

Abra o seu aplicativo de **QR Code** no seu celular, aproxime a sua câmera da imagem e assista ao vídeo sobre o tema. Caso não tenha o aplicativo, acesse a página do YouTube: **youtube.com/momentoA2**

Presente de Deus

Por determinação de Deus, o sexo se destina a uma relação entre um homem e uma mulher. É isso o que a Bíblia traz desde o primeiro até o último versículo. Portanto, qualquer sugestão de mudança desse desígnio de Deus pode, sim, colocar a bênção do seu casamento em risco. Não se apegue às modas do momento. **O plano de Deus para o sexo em seu casamento é eterno.**

#ficaAdica #UmHomemEUmaMulher #darrell&marcia

O que você ainda está fazendo que acredita que pode ferir o propósito de Deus para o casamento? Assista ao vídeo e depois comente abaixo.

VÍDEO – 7 PRINCÍPIOS PARA UM SEXO SAUDÁVEL

Abra o seu aplicativo de **QR Code** no seu celular, aproxime a sua câmera da imagem e assista ao vídeo sobre o tema. Caso não tenha o aplicativo, acesse a página do YouTube: **youtube.com/momentoA2**

Intimidade

DICA TOP + CURTIDA

Se você, marido, quer aumentar a quantidade de vezes em que sua mulher quer fazer amor com você, a receita é simples: aumente a frequência de orgasmos dela. **Se ela sente mais prazer, vai querer mais, e essa é a grande magia de um sexo melhor.** Quando marido e mulher estão comprometidos com o prazer um do outro, estão seguindo o plano de Deus para o casamento.

#ficaAdica #SatisfacaASuaEsposa #darrell&marcia

Você tem realmente dado prazer à sua esposa? Você, esposa, tem recebido o melhor do prazer do seu marido? O que vocês podem começar a fazer para essa área melhorar? Escreva abaixo.

VÍDEO – O MITO DO PRAZER SEXUAL

Abra o seu aplicativo de **QR Code** no seu celular, aproxime a sua câmera da imagem e assista ao vídeo sobre o tema. Caso não tenha o aplicativo, acesse a página do YouTube: **youtube.com/momentoA2**

Entrega

Xô, preguiça! Todo mundo tem preguiça. Mas não é por isso que vamos parar de nos mexer, certo? Se você ama fazer amor, já entre no jogo pensando na vitória, e não com cara de perdedor. Se não, não tem ânimo que levante. Elogios são importantes para criar um clima favorável, mas sua mente, seu pensamento, é determinante para ter uma noite muito boa, ou o contrário, algo muito entediante. Portanto, foque no prazer, no que você e seu amor terão de melhor nesse momento, e não no esforço, nos problemas e no cansaço. Se só focarmos nos obstáculos, nunca faremos nada em nossa vida e deixaremos as melhores conquistas passarem. **#pracima**

#ficaAdica #Atitude #darrell&marcia

Que obstáculos normalmente você coloca que afasta vocês de terem mais relações sexuais? Como eliminá-los?

____

____

____

____

____

VÍDEO – COMO MUDAR O MEU MARIDO #1

Abra o seu aplicativo de **QR Code** no seu celular, aproxime a sua câmera da imagem e assista ao vídeo sobre o tema. Caso não tenha o aplicativo, acesse a página do YouTube: **youtube.com/momentoA2**

Conquista

Marido, não esqueça: mulher gosta, sim, de homem. Gosta de cheiro de homem, voz de homem, pegada de homem, mas odeia brutalidade, ignorância e falta de educação e de gentileza. Então, se você quer uma mulher inteiramente rendida a seus pés, precisa ser homem de verdade, e não um macho presunçoso.

#ficaAdica #HomemDeVerdade #darrell&marcia

Que comportamentos seus como marido não agradam sua esposa? E você, esposa, que comportamentos ele tem que não agradam você? Escreva abaixo.

VÍDEO – 10 COISAS QUE A MULHER ESPERA DE UM HOMEM

Abra o seu aplicativo de **QR Code** no seu celular, aproxime a sua câmera da imagem e assista ao vídeo sobre o tema. Caso não tenha o aplicativo, acesse a página do YouTube: **youtube.com/momentoA2**

Conquista

DICA TOP + CURTIDA

Para apimentar ainda mais a relação sexual, não é pecado usar óleo de massagem, uma roupa íntima especial, músicas apropriadas, objetos para criar um clima no ambiente, velas aromáticas, aromatizantes de ambiente, gel estimulante, lubrificantes íntimos e alguns joguinhos. A excitação também toma conta do corpo por meio de outros sentidos. Mas **você precisa refletir bem sobre aquilo que convém ou não usar**. É preciso refletir se isso, de alguma forma, fere algum princípio da Palavra de Deus ou fere a dignidade do seu cônjuge. Também é importante analisar se gera conflito em vez de unir. Leia 1Coríntios10.23.

#ficaAdica #apimentandoArelacao #darrell&marcia

Quais são as boas ideias que você tem para hoje à noite? Escreva abaixo.

VÍDEO – COMO APIMENTAR O SEU CASAMENTO

Abra o seu aplicativo de **QR Code** no seu celular, aproxime a sua câmera da imagem e assista ao vídeo sobre o tema. Caso não tenha o aplicativo, acesse a página do YouTube: **youtube.com/momentoA2**

Elogio

Sabe um erro grave que encontramos em vários casamentos? As pessoas dão muita atenção e repetem sempre a reclamação das coisas erradas que o cônjuge faz. Claro que na maioria das vezes isso não funciona, e o comportamento que foi a causa da reclamação volta a ocorrer. Sabe por quê? **Porque tudo que a gente foca se expande**. Portanto, nossa dica agora é que você faça o contrário: evidencie tudo que seu amor faz que o (a) leva a se sentir bem. A forma como ele o (a) toca, o jeito que ela o recebe em casa, uma palavra que ele diz que a faz feliz, ou mesmo uma pegada que ele deu em você que lhe deu prazer. Essa é a hora de evidenciar o que faz bem, para que seu amor possa repetir sempre isso com você. Você verá que **validar as qualidades é muito melhor do que ficar malhando os defeitos**.

#ficaAdica #ValideOBom #darrell&marcia

Que tal começar anotando o que você vai validar?

VÍDEO – COMO SER FELIZ E SAUDÁVEL

Abra o seu aplicativo de **QR Code** no seu celular, aproxime a sua câmera da imagem e assista ao vídeo sobre o tema. Caso não tenha o aplicativo, acesse a página do YouTube: **youtube.com/momentoA2**

Entrega

A maioria das mulheres só atinge o orgasmo quando o homem se dedica a acariciá-la e dar-lhe prazer. Respeitar as fases da relação sexual (o antes, nas preliminares, o durante e o depois) faz toda a diferença para que a relação sexual não seja algo mecânico, e sim um desejo constante de ambos.

#ficaAdica #FasesDoSexo #darrell&marcia

Como têm sido as preliminares de vocês?

VÍDEO – O PODER DAS PRELIMINARES

Abra o seu aplicativo de **QR Code** no seu celular, aproxime a sua câmera da imagem e assista ao vídeo sobre o tema. Caso não tenha o aplicativo, acesse a página do YouTube: **youtube.com/momentoA2**

Comunicação

A TPM é um desafio de todo casal. Entender esse momento e respeitar é fundamental para qualquer marido que quer ser feliz no casamento. Mas também é importante que a esposa avise a ele sobre essa fase. Vale até você prometer que vai recompensá-lo assim que essa fase passar e assim já prepará-lo para o melhor que está por vir.

#ficaAdica #TPMBemResolvida #darrell&marcia

Vocês já conversaram sobre essa fase? Ele sabe quando você passa por isso? Você, marido, sabe a fase da sua esposa?

VÍDEO – COMO SOBREVIVER À TPM E PERMANECER CASADO

Abra o seu aplicativo de **QR Code** no seu celular, aproxime a sua câmera da imagem e assista ao vídeo sobre o tema. Caso não tenha o aplicativo, acesse a página do YouTube: **youtube.com/momentoA2**

Entrega

O homem tem, sim, um apetite sexual maior, e isso precisa ser entendido pela mulher, mas também muito mais compreendido e respeitado pelo próprio homem. Ele precisa lembrar que quem come quente queima a língua e esperar o tempo da esposa é fundamental para uma relação plena onde os dois fiquem satisfeitos.

#ficaAdica #cadaumnoseutempo #darrell&marcia

É tranquilo para você, marido, esperar o tempo da sua esposa? E para você, esposa, isso tem sido equilibrado com ele? Que tal vocês conversarem? Escreva abaixo como foi depois da conversa.

VÍDEO – 4 INIMIGOS DA COMUNICAÇÃO

Abra o seu aplicativo de **QR Code** no seu celular, aproxime a sua câmera da imagem e assista ao vídeo sobre o tema. Caso não tenha o aplicativo, acesse a página do YouTube: **youtube.com/momentoA2**

Conquista

Menina, tem algo que parece que é banal mas é superimportante para o menino. Sabe o que é? Eles gostam de menina. Sim, de uma mulher feminina. Então, um cabelo penteado, um perfume, um batom, tudo que lembre o seu lado meigo e feminino vai conquistá-lo ainda mais para que ele deseje você todos os dias.

#ficaAdica #SejaFeminina #darrell&marcia

Agora a vez da menina: e aí, qual tem sido os comportamentos que você como esposa tem tido que não agradam seu marido? E você, marido, quais comportamentos ela tem que não o agradam? Escreva abaixo.

____

____

____

____

____

____

____

VÍDEO – 10 COISAS QUE O HOMEM ESPERA DA MULHER

Abra o seu aplicativo de **QR Code** no seu celular, aproxime a sua câmera da imagem e assista ao vídeo sobre o tema. Caso não tenha o aplicativo, acesse a página do YouTube: **youtube.com/momentoA2**

Entrega

Muitos casais vivem um jogo da "perseguição X fuga" no quarto. Isso leva a um impasse que enfraquece cada dia mais o relacionamento, abrindo brechas para a traição. Se você está nesse jogo, em qualquer um dos papéis, chegou a hora de encerrar o jogo, senão os dois sairão perdedores.

#ficaAdica #SemBrigas #darrell&marcia

Tem algum motivo que faz você fugir dele? Marido, o que você tem feito de errado que tem afastado sua esposa? Escreva abaixo.

VÍDEO – QUANDO UM NÃO QUER, DOIS NÃO BRIGAM

Abra o seu aplicativo de **QR Code** no seu celular, aproxime a sua câmera da imagem e assista ao vídeo sobre o tema. Caso não tenha o aplicativo, acesse a página do YouTube: **youtube.com/momentoA2**

Prioridades

Um dos grandes problemas de casamentos que já passaram da fase quente da paixão é esperar até que um dos dois ou ambos tenham vontade de fazer sexo. Infelizmente, quanto mais você tentar desistir de fazer sexo, mais difícil será para reacender a chama da vida sexual no seu casamento.

#ficaAdica #naodeixeapagarachama #darrell&marcia

Escreva abaixo o que você pode fazer para manter a chama acesa.

VÍDEO – 5 FORMAS DE SEDUZIR SUA ESPOSA

Abra o seu aplicativo de **QR Code** no seu celular, aproxime a sua câmera da imagem e assista ao vídeo sobre o tema. Caso não tenha o aplicativo, acesse a página do YouTube: **youtube.com/momentoA2**

Intimidade

Conforme a intimidade sexual de vocês aumenta, é necessário que sua paciência cresça junto, pois seu parceiro pode ainda cometer aqueles "erros" na hora H, mas repreendê-lo (a) na hora pode estragar tudo. O melhor é a repetição dos passos errados mostrando a forma "certa", assim como em uma aula da escola, na qual você quer que o professor mostre a forma de fazer certo. Para ser feliz na cama, é importante que, de forma amável, você demonstre possíveis "erros".

#ficaAdica #ErrosQueViramAcertos #darrell&marcia

Quantas vezes você se calou e fez coisas que não gostou? Quantas vezes você falou da forma errada? Que fichas caem para você agora? O que precisa mudar?

VÍDEO – COMO ACABAR COM O SEU CASAMENTO #SQN

Abra o seu aplicativo de **QR Code** no seu celular, aproxime a sua câmera da imagem e assista ao vídeo sobre o tema. Caso não tenha o aplicativo, acesse a página do YouTube: **youtube.com/momentoA2**

Conquista

DICA TOP + CURTIDA

Há casais que não se beijam mais. Mas, se eles não se beijam, como poderão atingir a intimidade total em uma relação sexual? Quem não se beija não explora tudo que uma relação pode oferecer. A Bíblia, em Cantares 4.11, retrata bem a importância da profundidade de um beijo. Um beijo de verdade é saboroso e, se faz muito tempo que você não para e beija seu amor como na época do namoro, chegou a hora. Dê um beijo ardente daqueles de arrancar o fôlego e comece uma nova história de amor.

#ficaAdica #BeijeMais #darrell&marcia

Qual foi a última vez que vocês se beijaram? De verdade? Como na época do namoro? Um beijo colado? Escreva abaixo e já programe retomar isso na sua vida.

VÍDEO – QUEM BEIJA MAIS É MAIS FELIZ

Abra o seu aplicativo de **QR Code** no seu celular, aproxime a sua câmera da imagem e assista ao vídeo sobre o tema. Caso não tenha o aplicativo, acesse a página do YouTube: **youtube.com/momentoA2**

Comunicação

Às vezes pedir algo não é fácil, mas é melhor você falar agora do que viver uma vida de migalhas no seu relacionamento sexual. Portanto, se você é mulher e não está tendo orgasmos, seja criativa e pense na melhor forma de dizer isso para seu marido. Só não finja para agradá-lo, desagradando a si própria. Ore por esse momento, se for difícil para você essa conversa, peça que Deus toque o coração do seu marido para entender que existe uma via de mão dupla e que, existindo felicidade dos dois lados, o sexo será ainda mais constante.

#ficaAdica #sexoverdade #darrell&marcia

Você tem outros motivos de oração pelo seu casamento? Aproveite e escreva aqui.

____

____

____

____

____

____

VÍDEO – O PODER DA ESPOSA QUE ORA

Abra o seu aplicativo de **QR Code** no seu celular, aproxime a sua câmera da imagem e assista ao vídeo sobre o tema. Caso não tenha o aplicativo, acesse a página do YouTube: **youtube.com/momentoA2**

Entrega

Quando você tem uma vida sexual plena, está protegendo seu casamento das traições, e é isso que Deus quer de você. Este versículo sempre é muito forte para nós e queremos agora que você medite nele: *Que o casamento seja respeitado por todos, e que os maridos e as esposas sejam fiéis um ao outro. Deus julgará os imorais e os que cometem adultério.* (Hb 13.4, NTLH).

#ficaAdica #blindeseucasamento #darrell&marcia

O que você entende quando lê esse versículo? Que mensagem ele passa a você? O que você pode fazer para blindar ainda mais seu casamento?

____

____

____

____

____

____

____

____

VÍDEO – TRAIÇÃO, O QUE FAZER?

Abra o seu aplicativo de **QR Code** no seu celular, aproxime a sua câmera da imagem e assista ao vídeo sobre o tema. Caso não tenha o aplicativo, acesse a página do YouTube: **youtube.com/momentoA2**

Conquista

Educação é bom, e nós gostamos. E você? Muitas vezes achamos que bom dia, obrigado, por favor e queria desculpar-me, são palavras que só devemos usar na rua ou no trabalho. **Esquecemos que aquela pessoa que está mais próxima de nós também precisa ouvir isso.** Essa é uma forma de você demonstrar atenção, educação e respeito e, com isso, se aproximar ainda mais do seu amor durante o dia, para poder ter o desejo dele à noite.

#ficaAdica #respeito #darrell&marcia

Quais palavras dessas você já usa com seu cônjuge? Quais você pretende usar a partir de agora?

VÍDEO – 8 MANIAS

Abra o seu aplicativo de **QR Code** no seu celular, aproxime a sua câmera da imagem e assista ao vídeo sobre o tema. Caso não tenha o aplicativo, acesse a página do YouTube: **youtube.com/momentoA2**

Perigo

O que acontece dentro do quarto afeta completamente o que acontece fora do quarto. Caso vocês estejam em um nível de *stress* alto, com brigas, falta de controle e desunião, chegou a hora de investir na vida sexual, para terem mais momentos de intimidade do casal e isso ajudar vocês nas outras áreas da vida familiar.

Cuide do seu quarto e faça ele resplandecer o amor por toda a sua casa.

#ficaAdica #tempodeintimidade #darrell&marcia

Você ainda é daquele tipo que leva problemas para a cama? Você conversa com seu amor sobre problemas no seu leito? Que tal mudar esse hábito? Escreva abaixo os novos assuntos que você vai ter com ele (a) na cama a partir de agora.

VÍDEO – AMOR E RAIVA

Abra o seu aplicativo de **QR Code** no seu celular, aproxime a sua câmera da imagem e assista ao vídeo sobre o tema. Caso não tenha o aplicativo, acesse a página do YouTube: **youtube.com/momentoA2**

Entrega

Tem mulher que, quando se irrita com o marido, começa uma greve de sexo, achando que isso vai ajudar o seu casamento. Em alguns casos, isso termina sendo uma armadilha. Quando privamos nosso cônjuge da bênção do sexo no casamento, nós o deixamos desprotegido, sujeito às tentações físicas e emocionais, que podem tornar o casamento vulnerável à traição. Avalie até onde essa "greve" deve ir, pois normalmente não é a melhor saída.

#ficaAdica #NãoCaiaemTentacao #darrell&marcia

Você já fez greve de sexo? Já sofreu com uma greve? O que você pode fazer para evitar a necessidade de um período "seco" no mar de amor de seu lar?

VÍDEO – VENCENDO AS TENTAÇÕES

Abra o seu aplicativo de **QR Code** no seu celular, aproxime a sua câmera da imagem e assista ao vídeo sobre o tema. Caso não tenha o aplicativo, acesse a página do YouTube: **youtube.com/momentoA2**

Conquista

Você precisa investir na descoberta do corpo do seu cônjuge, do que realmente satisfaz a ele. Se você notou que aquilo que você fez o deixou empolgado, repita da próxima vez. Quando marido e mulher estão comprometidos com o prazer um do outro, ninguém dormirá desapontado.

#ficaAdica #AgradaroConjuge #darrell&marcia

Qual é a parte que você toca que mais excita seu cônjuge? Do que ele (a) gosta mais? Descubra hoje, caso você ainda não saiba essa resposta.

VÍDEO – MELHORE O SEXO SUPERANDO AS DIFERENÇAS

Abra o seu aplicativo de **QR Code** no seu celular, aproxime a sua câmera da imagem e assista ao vídeo sobre o tema. Caso não tenha o aplicativo, acesse a página do YouTube: **youtube.com/momentoA2**

Perigo

DICA TOP +CURTIDA

Você já foi em uma churrascaria rodízio? Muita carne, frutos do mar, *sushi*, uma delícia! Agora, pense em algo: você já viu algum vendedor de pipoca em frente a uma churrascaria? Claro que não. E sabe por que não? Porque, quando você sai da churrascaria, sai satisfeito (a) e não vai se "enganar" tentando saciar a fome com pipoca. No mundo, tem muita mulher se oferecendo feito pipoca no meio da rua para o seu marido. Pipoca não mata a fome, a gente sabe, mas ter seu marido saciado no "rodízio" que ele tem em casa é importante para evitar brechas para a traição no seu casamento. Deixe-o consciente do prato perfeito que ele tem em casa.

#ficaAdica #TraicaoNAO #darrell&marcia

É claro para você essa necessidade de satisfazer o seu amor? Não que isso justifique qualquer traição; nada justifica. Escreva abaixo, o que você pode fazer para não abrir essa brecha nesse período "seco" no mar de amor de seu lar?

VÍDEO – 8 COISAS QUE EU PRECISO FAZER PARA NÃO SER TRAÍDA

Abra o seu aplicativo de **QR Code** no seu celular, aproxime a sua câmera da imagem e assista ao vídeo sobre o tema. Caso não tenha o aplicativo, acesse a página do YouTube: **youtube.com/momentoA2**

Entrega

Em alguns casamentos existem barreiras que impedem a intimidade total. Pode ser alguma amargura, trauma, algo que ficou lá no passado e que cria essa barreira entre vocês. Chegou a hora de avaliar o que está impedindo a vivência plena do sexo, chegou a hora de liberar perdão e de viver uma nova vida sexual em sua casa.

#ficaAdica #perdao #darrell&marcia

Tem alguma mágoa, ressentimento ou impedimento entre vocês? Algo faz você não conseguir se entregar por inteiro?

VÍDEO – COMO SE LIVRAR DOS ERROS DO PASSADO

Abra o seu aplicativo de **QR Code** no seu celular, aproxime a sua câmera da imagem e assista ao vídeo sobre o tema. Caso não tenha o aplicativo, acesse a página do YouTube: **youtube.com/momentoA2**

Conquista

Muito marido estraga tudo porque vai com muita sede ao pote. Ele já quer terminar quando a esposa ainda vai começar. Claro que isso não vai dar certo, e em algum momento um dos dois ficará insatisfeito. Portanto, a dica é respeitar o tempo e a velocidade do outro.

#ficaAdica #tudonoseutempo #darrell&marcia

Vocês já conversaram sobre isso? A velocidade como as coisas acontecem é agradável para você? E para o seu amor? O que você pode fazer para começar um consenso nesse assunto?

VÍDEO – 8 TIPOS DE MARIDOS

Abra o seu aplicativo de **QR Code** no seu celular, aproxime a sua câmera da imagem e assista ao vídeo sobre o tema. Caso não tenha o aplicativo, acesse a página do YouTube: **youtube.com/momentoA2**

Elogio

Já pensou em elogiar sua amada pelo que ela é? Você precisa elogiar o interior dela, usando palavras que digam como ela é amorosa, determinada, batalhadora, meiga e preciosa. Uau, isso deixa qualquer mulher encantada.

Mas quer saber como ela vai ficar louca? Quando você falar que está orando por ela.

#ficaAdica #Elogie #darrell&marcia

Escreva abaixo dez palavras que você pode usar para elogiar sua esposa hoje. E os motivos que você tem para orar em favor dela.

____

____

____

____

____

____

____

____

VÍDEO – O PODER DO MARIDO QUE ORA

Abra o seu aplicativo de **QR Code** no seu celular, aproxime a sua câmera da imagem e assista ao vídeo sobre o tema. Caso não tenha o aplicativo, acesse a página do YouTube: **youtube.com/momentoA2**

Conquista

Faça surpresas. Noventa e nove porcento das mulheres não querem promessa; elas querem surpresas. Toda mulher adora flores no meio do dia, um presente inesperado ou um café na cama. Que tal surpreender sua esposa hoje oferecendo-lhe algo que há muito tempo você não faz?

#ficaAdica #surpresas #darrell&marcia

Qual foi a última surpresa de amor que você fez? O que você pode fazer agora, que seja algo inesperado, que gere mesmo um esforço seu para surpreender seu amor? Anote aqui.

VÍDEO – CONTA CORRENTE DO AMOR

Abra o seu aplicativo de **QR Code** no seu celular, aproxime a sua câmera da imagem e assista ao vídeo sobre o tema. Caso não tenha o aplicativo, acesse a página do YouTube: **youtube.com/momentoA2**

Conquista

Diferentemente dos homens, as mulheres se encantam pelo ouvir. Você ainda se lembra do galanteio, na época da paquera? Você a cortejava com palavras românticas, bem no ouvido dela. Isso não mudou. **Mulher gosta de se sentir valorizada**, e uma declaração de amor é algo que derrete o coração. Então, reforce coisas positivas nela: o que você sabe que a deixa excitada, empolgada... vá agora e fale no ouvido dela.

#ficaAdica #declaracao #darrell&marcia

O que você poderia falar no ouvido de sua esposa que a deixaria excitada? Escreva abaixo e fale na primeira oportunidade.

VÍDEO – AS 5 LINGUAGENS DO AMOR #1

Abra o seu aplicativo de **QR Code** no seu celular, aproxime a sua câmera da imagem e assista ao vídeo sobre o tema. Caso não tenha o aplicativo, acesse a página do YouTube: **youtube.com/momentoA2**

Comunicação

Você já deve ter ouvido falar que o pecado precede a queda. Isso é claro para todos nós. E sabe o que precede o sexo? O diálogo. Sem ele no relacionamento, sua vida sexual ficará muito mais difícil. Mais diálogo, mais sexo saudável.

#ficaAdica #dialogomaissexo #darrellemarcia

Vocês têm conversado sobre sexo? O que você ainda não falou que precisa ser falado ao seu amor? Como seria para você um relacionamento onde o diálogo precedesse o sexo? Construa isso a partir de agora. Escreva sua próxima ação para isso acontecer.

VÍDEO – POR QUE AS PESSOAS MENTEM

Abra o seu aplicativo de **QR Code** no seu celular, aproxime a sua câmera da imagem e assista ao vídeo sobre o tema. Caso não tenha o aplicativo, acesse a página do YouTube: **youtube.com/momentoA2**

Presente de Deus

Sua esposa ou seu marido devem ser o seu ideal de beleza. Não adianta querer que ele seja mais forte, ela seja mais magra, com cabelo liso ou encaracolado. Deus não criou nenhum ideal de beleza — Deus nos deu o (a) parceiro (a), para construirmos uma vida A2 e desfrutarmos do sexo dentro do nosso casamento.

#ficaAdica #DeusMeDeus #darrellemarcia

Escreva abaixo todas as características físicas que você mais admira e gosta no seu cônjuge. E a partir de agora foque só no positivo.

VÍDEO – SEXO, PRESENTE DE DEUS

Abra o seu aplicativo de **QR Code** no seu celular, aproxime a sua câmera da imagem e assista ao vídeo sobre o tema. Caso não tenha o aplicativo, acesse a página do YouTube: **youtube.com/momentoA2**

Conquista

Quer chegar junto à noite? Comece conquistando no início do dia. Mensagens durante o dia — um telefonema inesperado, uma palavra de afirmação reforçando como ela é importante, um beijo, um bilhete deixado na bolsa dela ou na carteira dele — podem ser ações que deixarão sua noite muito mais promissora.

#ficaAdica #TomeAIniciativa #darrell&marcia

O que você sabe que faria logo no início do dia que deixaria sua esposa apaixonada por você? Escreva abaixo e já se programe para fazer isso. Aproveite e a convide para assistirem a um filme juntos. No vídeo temos oito dicas ótimas.

VÍDEO – 8 FILMES PARA ASSISTIR A2

Abra o seu aplicativo de **QR Code** no seu celular, aproxime a sua câmera da imagem e assista ao vídeo sobre o tema. Caso não tenha o aplicativo, acesse a página do YouTube: **youtube.com/momentoA2**

Entrega

Rotina, perda do desejo, chegada dos filhos. Existem várias explicações para os casais perderem o interesse pelo sexo. Mas há como recuperá-lo. Em muitos casamentos, a temperatura debaixo dos lençóis varia de morno para gelado. Mas, se você quer mudar, tem que atear o fogo, tem que acender a chama, e só quem pode fazer isso é você. Se demorar muito, o carvão não irá mais arder. Acenda!

#ficaAdica #AqueçaSeuAmor #darrell&marcia

O que você pode fazer hoje para subir a temperatura embaixo dos lençóis na sua casa?

VÍDEO – DIA DOS NAMORADOS PARA SEMPRE

Abra o seu aplicativo de **QR Code** no seu celular, aproxime a sua câmera da imagem e assista ao vídeo sobre o tema. Caso não tenha o aplicativo, acesse a página do YouTube: **youtube.com/momentoA2**

Prioridades

DICA TOP + CURTIDA

Amada, esqueça o rótulo de "hoje não". Muitas mulheres matam o que o homem poderia fazer por ela e o que poderia causar prazer a ela porque já barram na entrada e não esperam acontecer. Essa história de não dar o braço a torcer é tolice e só vai afastar vocês. Pare com isso.

Você precisa permitir-se ser feliz.

Lembre-se que, quando homem e mulher não se realizam na vida sexual, são presas fáceis para as armadilhas que o mundo oferece.

#ficaAdica #CederParaSerFeliz #darrell&marcia

Quais coisas você tem colocado como barreira para o sexo? Dor de cabeça? Filhos? Muito cansada? Tarefas domésticas? O que você pode mudar nessa atitude?

VÍDEO – 5 ATITUDES DA ESPOSA EFICAZ

Abra o seu aplicativo de **QR Code** no seu celular, aproxime a sua câmera da imagem e assista ao vídeo sobre o tema. Caso não tenha o aplicativo, acesse a página do YouTube: **youtube.com/momentoA2**

Entrega

Existem pessoas que não conseguem estar totalmente à vontade na cama porque levam consigo uma série de barreiras. São traumas da infância, desafios de relacionamentos anteriores ou mesmo um acúmulo de erros por parte do parceiro que rondam a sua mente toda a noite. Se você quer ser realmente feliz na cama, não pode ir deitar com isso. Precisa se livrar desse peso e começar algo novo, pois ontem já passou e amanhã ainda vai chegar. O dia é hoje, por isso é que se chama presente. Aproveite.

#ficaAdica #SeLiberte #darrell&marcia

O que o (a) impede? Qual é o peso do qual você precisa se livrar hoje? Quem ou o que você precisa perdoar?

VÍDEO – PERDÃO — SE VOCÊ QUER, VOCÊ PODE

Abra o seu aplicativo de **QR Code** no seu celular, aproxime a sua câmera da imagem e assista ao vídeo sobre o tema. Caso não tenha o aplicativo, acesse a página do YouTube: **youtube.com/momentoA2**

Conquista

98% das mulheres reclamam da mesma coisa: falta de carinho. Do lado dos homens, também tem algo semelhante: 95% dos homens são unânimes em reclamar da falta de sexo e de a mulher não procurá-los nunca ou quase nunca. Os dois vivem uma seca, mas poderiam ter uma vida farta na cama. É hora de sermos maridos mais carinhosos e esposas com mais desejos.

#ficaAdica #mudandotudo #darrell&marcia

Como você, marido, pode ser mais carinhoso com com sua esposa? E você, esposa, como pode se mostrar mais atraente para ele?

VÍDEO – PRECISO MUDAR

Abra o seu aplicativo de **QR Code** no seu celular, aproxime a sua câmera da imagem e assista ao vídeo sobre o tema. Caso não tenha o aplicativo, acesse a página do YouTube: **youtube.com/momentoA2**

Entrega

Você já tentou chegar junto da madame e ela correu? Sua esposa na hora H sempre fica com dor de cabeça? A relação sexual de vocês mais parece com aquele desenho animado de Tom e Jerry? Um correndo atrás do outro?

Você está reclamando do que está colhendo? Olhe para trás e veja o que você plantou. **Quer colher coisas melhores amanhã, comece hoje.** Invista no sexo em seu casamento. Lembre-se que para sacar tem que depositar.

#ficaAdica #ContaCorrenteDoAmor #darrell&marcia

O que você tem depositado? É suficiente para o que você tem procurado sacar? O que você pode depositar mais nesse relacionamento?

____

____

____

____

____

____

VÍDEO – 7 VIRTUDES DO CASAMENTO

Abra o seu aplicativo de **QR Code** no seu celular, aproxime a sua câmera da imagem e assista ao vídeo sobre o tema. Caso não tenha o aplicativo, acesse a página do YouTube: **youtube.com/momentoA2**

Conquista

Tem mulher que se arruma para ir à igreja, faz escova, chapinha, se maquia toda para ir a um casamento, mas dentro de casa usa o que tem de pior, as piores roupas, não se arruma e muitas vezes não cuida da higiene pessoal. Claro que isso faz que o desejo do marido diminua, já que os homens são muito visuais. Se você quer conquistá-lo cada vez mais, se arrume para isso.

#ficaAdica #SeArrume #darrell&marcia

Você já parou para pensar em como você tem se arrumado para seu amor? O que você comunica quando encontra com ele (a)? Cuidado, atenção, preparo? Ou ficou tão "normal" que a atenção virou desleixo? O que você pode mudar? Como você pode passar a recebê-lo (a)?

VÍDEO – 5 FORMAS DE SEDUZIR O SEU MARIDO

Abra o seu aplicativo de **QR Code** no seu celular, aproxime a sua câmera da imagem e assista ao vídeo sobre o tema. Caso não tenha o aplicativo, acesse a página do YouTube: **youtube.com/momentoA2**

Elogio

O elogio é quando você enxerga o melhor das pessoas e reconhece isso publicamente. O hábito de elogiar muda tudo no seu relacionamento. Muitas vezes só reclamamos, quando deveríamos olhar o que o outro tem de bom. Se você quer mesmo melhorar sua vida sexual, enalteça o que seu amor tem de melhor, não apenas o exterior, mas também o interior, seu comportamento e ações. **Uma pessoa elogiada é agradecida e, claro, vive melhor.** E esqueça aquele velho hábito de palavras negativas; elas marcam e só irão afastar vocês dois.

#ficaAdica #Elogie #darrellemarcia

Quais as últimas palavras que você falou para seu amor? Eram palavras edificantes, afirmativas, ou palavras negativas?

VÍDEO – PALAVRAS QUE MARCAM NEGATIVAMENTE

Abra o seu aplicativo de **QR Code** no seu celular, aproxime a sua câmera da imagem e assista ao vídeo sobre o tema. Caso não tenha o aplicativo, acesse a página do YouTube: **youtube.com/momentoA2**

Entrega

Em qualquer casamento haverá dias em que a correria com os desafios da família ou os problemas do trabalho tomarão conta de nossos pensamentos. Nesse dia em que o cansaço ou o estresse se fizerem presentes com você ou com seu amor, a melhor coisa a fazer é respeitar esse momento e descansar. Insistir só vai gerar frustração, e respeitar esse momento é muito importante para que nos outros dias o sexo seja visto como algo prazeroso, e não como uma obrigação.

#ficaAdica #RespeitarOsMomentos #darrell&marcia

Quando você vivencia esses dias de estresse no trabalho ou desafios na família, como compartilha isso com o seu cônjuge? De forma tranquila? Como lida com isso? Com paciência?

VÍDEO – 9 DICAS SOBRE COMO TER MAIS PACIÊNCIA

Abra o seu aplicativo de **QR Code** no seu celular, aproxime a sua câmera da imagem e assista ao vídeo sobre o tema. Caso não tenha o aplicativo, acesse a página do YouTube: **youtube.com/momentoA2**

Intimidade

No começo dos casamentos é normal a frequência sexual ser mais alta, mas com o tempo ela tende a se estabilizar. É normal que os parceiros entrem numa zona de conforto e se adaptem um ao outro. Por mais que alguns comentem que fazem pouco sexo, não existe uma quantidade certa de relações sexuais por semana ou por mês. **O número ideal de relações sexuais para o seu casamento será o que for definido por vocês em comum acordo e que deixe ambos satisfeitos e felizes.** Sentem, conversem e definam o que é bom para os dois, nem para frustrar nem para gerar expectativas que não serão atingidas.

#ficaAdica #ConversandoSeEntende #darrell&marcia

E aí, o que seria o ideal para você? E para seu amor? Já perguntou? Sente, converse e escreva abaixo.

____

____

____

____

____

____

VÍDEO – MAIS INTIMIDADE NO CASAMENTO

Abra o seu aplicativo de **QR Code** no seu celular, aproxime a sua câmera da imagem e assista ao vídeo sobre o tema. Caso não tenha o aplicativo, acesse a página do YouTube: **youtube.com/momentoA2**

Intimidade

Se tem algo importante para um casal, é sua privacidade. O sexo é algo íntimo de um casal, e esse momento deve ser totalmente preservado. Para tal, caso vocês tenham filhos, lembre sempre de trancar a porta, avisar a seus filhos se forem pequenos de que nesse momento vocês não podem ser interrompidos, desligar o celular, a TV, e evitar qualquer coisa que possa levar à distração. O sexo precisa de clima, tempo e segurança. **É muito importante que você não trate o sexo como a última opção do dia, mas sim como o acontecimento mais esperado.** Se você der a ele lugar de destaque, sem dúvida o resultado vai ser muito melhor e vai valer a pena.

#ficaAdica #PreserveMaisSeuSexo #darrell&marcia

Como vocês tem tratado a privacidade desse momento? É algo que vocês têm protegido? Se os filhos dormem no quarto é hora de mudar isso. Quais atitudes você pode ter a partir de agora para ter mais privacidade?

VÍDEO – 2 SEGREDOS PARA UM CASAMENTO DURADOURO

Abra o seu aplicativo de **QR Code** no seu celular, aproxime a sua câmera da imagem e assista ao vídeo sobre o tema. Caso não tenha o aplicativo, acesse a página do YouTube: **youtube.com/momentoA2**

Entrega

A queda no desejo sexual pode acontecer por diversos fatores. Em sua maioria, se dá pela acomodação, falta de prioridade e o corre-corre de um mundo agitado em que vivemos, que acabamos deixando o sexo em segundo plano. Em outros casos, pode ser fruto da instabilidade emocional que a relação passa. Mas também pode ser um problema hormonal, que deve ser tratado com acompanhamento médico.

#ficaAdica #MeCuidar #darrell&marcia

Já parou para pensar que a falta de libido pode ser um problema que precisa de ajuda médica? Quais outros problemas precisam de ajuda médica? Pare, analise e visite seu médico para os exames regularmente.

VÍDEO – COMO LIDAR COM A DEPRESSÃO

Abra o seu aplicativo de **QR Code** no seu celular, aproxime a sua câmera da imagem e assista ao vídeo sobre o tema. Caso não tenha o aplicativo, acesse a página do YouTube: **youtube.com/momentoA2**

Intimidade

Nem sempre os dois estarão no mesmo pique. Provavelmente em poucas noites isso irá acontecer. Vocês são diferentes, não se esqueça disso. Homens e mulheres têm alterações hormonais que podem variar muito, inclusive em épocas distintas do mês. A libido pode aumentar ou diminuir por uma série de variações emocionais, corporais e hormonais. Entender isso para poder respeitar o momento certo do sexo é fundamental para uma relação madura. Claro que, se nunca há o desejo do outro lado, algo pode estar errado, e pensar em um acompanhamento clínico seria superimportante.

#ficaAdica #CuidarMais #darrell&marcia

Vocês dois têm o mesmo pique? Já brigaram por isso? Que tal agora ter uma postura diferente?

VÍDEO – O PODER DA ALIANÇA NO CASAMENTO

Abra o seu aplicativo de **QR Code** no seu celular, aproxime a sua câmera da imagem e assista ao vídeo sobre o tema. Caso não tenha o aplicativo, acesse a página do YouTube: **youtube.com/momentoA2**

Conquista

DICA TOP + CURTIDA

Imagine isto: seu amor chega em casa e você espalhou pétalas de rosas, da porta até o quarto, fez um coração com rosas na cama, borrifou perfume no ambiente, providenciou luz vermelha, velas, pôs uma música romântica a tocar... Isso vai criar uma fantasia sadia, e é saudável para o seu casamento.

Mãos à obra! Hoje é a noite especial!

#ficaAdica #NoiteEspecial #darrell&marcia

Como foi para você essa noite? E para o seu cônjuge?

VÍDEO – COMO APIMENTAR O SEU CASAMENTO?

Abra o seu aplicativo de **QR Code** no seu celular, aproxime a sua câmera da imagem e assista ao vídeo sobre o tema. Caso não tenha o aplicativo, acesse a página do YouTube: **youtube.com/momentoA2**

Entrega

DICA TOP + CURTIDA

O sexo é uma entrega em busca da satisfação do outro. Quando entendemos isso, começamos a investir na descoberta do corpo do cônjuge e do que o satisfaz. Quando marido e esposa estão comprometidos com o prazer um do outro, nenhum dormirá desapontado. **Experimente se preocupar mais em fazer seu amor ter prazer**, e você desfrutará de momentos marcantes em seu casamento.

#ficaAdica #PrazerA2 #darrell&marcia

Você tem buscado mais ou dado mais prazer? O que você pode mudar na relação sexual de vocês para deixar o seu cônjuge mais satisfeito?

VÍDEO – COMO LIDAR COM A IRA

Abra o seu aplicativo de **QR Code** no seu celular, aproxime a sua câmera da imagem e assista ao vídeo sobre o tema. Caso não tenha o aplicativo, acesse a página do YouTube: **youtube.com/momentoA2**

Conquista

As linguagens do amor podem ser muitas, mas, se o seu cônjuge tem o toque físico como a linguagem que o deixa mais animado, abuse dessa ideia e toque ao máximo, para o deixar ainda mais apaixonado.

Pode ser andar de mãos dadas, sentar juntinho no sofá, fazer massagens, fazer um cafuné, dar beijos e abraços. Esses toques vão fazer com que ele (a) se sinta mais amado (a) e mais disposto (a) para uma vida sexual plena.

#ficaAdica #AlinguagemCerta #darrell&marcia

Qual a linguagem do amor que mais empolga seu cônjuge? Toque, palavras de afirmação, serviço, presentes ou tempo de qualidade? Descubra mais no vídeo.

____

____

____

____

____

____

VÍDEO – AS 5 LINGUAGENS DO AMOR #2

Abra o seu aplicativo de **QR Code** no seu celular, aproxime a sua câmera da imagem e assista ao vídeo sobre o tema. Caso não tenha o aplicativo, acesse a página do YouTube: **youtube.com/momentoA2**

Prioridades

Se tem uma coisa que irrita um marido e pode acabar com um casamento, é a esposa ignorar as necessidades sexuais do seu cônjuge. **Ser essa esposa que nunca quer sexo vai afastar cada vez mais seu marido de você.** Perceba que há algo errado se ele sempre vai atrás, e você nunca está com vontade, sempre tem uma dor de cabeça e ele já chega com um analgésico... Isso não é saudável, e um dia vai destruir o seu casamento, porque sexo, que era para ser algo bom, tornou-se martírio para você e para ele. Isso tem que mudar, porque sexo não pode ser sinônimo de chateação.

#ficaAdica #SexoFeliz #darrell&marcia

Como é isso para você, tranquilo? Ou precisa mudar algo?

VÍDEO – 5 COISAS CASO SEU MARIDO NÃO A AME MAIS

Abra o seu aplicativo de **QR Code** no seu celular, aproxime a sua câmera da imagem e assista ao vídeo sobre o tema. Caso não tenha o aplicativo, acesse a página do YouTube: **youtube.com/momentoA2**

Presente de Deus

A banalidade com que as pessoas têm tratado o sexo transforma algo que nasceu para ser bom, sagrado e para dar frutos em algo muitas vezes sujo, sem valor e promíscuo. Aquela cultura de que ninguém é de ninguém e de que eu posso fazer sexo com qualquer pessoa gera doenças, solidão, culpa e desgraça nos lares. Muitos pais que acham que seus filhos homens devem "pegar" todas estão construindo homens no futuro sem valor, sem caráter e que dificilmente serão felizes no casamento.

#ficaAdica #Exemplo #darrellemarcia

Qual exemplo vocês têm dado a seus filhos sobre a sua vida sexual? Sexo é algo sagrado ou banal para eles? O que você pode mudar em sua forma de ensinar sobre sexo para eles?

____

____

____

____

____

____

____

VÍDEO – 6 MOTIVOS POR QUE NOSSOS FILHOS NÃO IRÃO AO CARNAVAL

Abra o seu aplicativo de **QR Code** no seu celular, aproxime a sua câmera da imagem e assista ao vídeo sobre o tema. Caso não tenha o aplicativo, acesse a página do YouTube: **youtube.com/momentoA2**

Conquista

DICA TOP + CURTIDA

Quer conquistar sua esposa? Seja um cavalheiro, e não um cavalo. Se tem algo que afasta uma mulher, é um homem bruto. Deixe sua esposa fascinada, encantada. Mulheres vivem a síndrome da princesa da Disney. Foram a princesinha do papai e querem ser a princesa de seu marido. Por isso, seja cavalheiro, e não cavalo. Ela quer o que vem em cima do cavalo, o príncipe encantado, e não o que o príncipe monta. Se você está no papel do cavalo, é hora de trocar de lugar para conquistar sua princesa, sendo um príncipe. Então, encante-a.

#ficaAdica #encanto #darrell&marcia

O que você pode fazer para ficar mais parecido com um príncipe encantado para sua esposa? Escreva abaixo.

VÍDEO – COMO MUDAR MEU MARIDO #2

Abra o seu aplicativo de **QR Code** no seu celular, aproxime a sua câmera da imagem e assista ao vídeo sobre o tema. Caso não tenha o aplicativo, acesse a página do YouTube: **youtube.com/momentoA2**

Presente de Deus

O sexo é um presente de Deus para você. Tem que ser algo íntimo e maravilhoso porque é uma promessa de união de vocês. Um compromisso. Algo que fica muito bem representado neste versículo: *Deus mudou o teu caminho até juntares com o meu e guardou a tua vida separando-a para mim. Para onde fores, irei; onde tu repousares, repousarei. Teu Deus será o meu Deus. Teu caminho o meu será.* (Rt 1.16,17).

#ficaAdica #entregatotal #darrell&marcia

Você já tem condições de fazer essa declaração para o seu amor? Se ainda não, ore a Deus e peça a ele ajuda para assumir um compromisso como esse em defesa da sua família.

VÍDEO – QUARTO DE GUERRA

Abra o seu aplicativo de **QR Code** no seu celular, aproxime a sua câmera da imagem e assista ao vídeo sobre o tema. Caso não tenha o aplicativo, acesse a página do YouTube: **youtube.com/momentoA2**

Entrega

O sexo, além de ser bom para você, faz muito bem para sua saúde. Ele ajuda a evitar várias doenças, inclusive a depressão. Libera um hormônio chamado testosterona, que fortifica os ossos e os músculos, além de ajudar a eliminar o colesterol ruim. Ajuda também na perda de calorias, em média 100 a 150 calorias por ato sexual, que é o mesmo que caminhar durante vinte minutos. Enquanto você faz sexo, seus batimentos cardíacos aceleram, o que ajuda na circulação do sangue e lhe dá uma sensação de bem-estar, fazendo com que você viva melhor. Portanto, nem que seja por motivo de saúde, aumente o ritmo sexual na sua casa.

#ficaAdica #SaudeESexo #darrell&marcia

Com que frequência vocês fazem sexo? Com que frequência você, sabendo que vai melhorar sua saúde, quer fazer sexo agora?

____

____

____

____

____

VÍDEO – ATÉ QUE O FACEBOOK NOS SEPARE

Abra o seu aplicativo de **QR Code** no seu celular, aproxime a sua câmera da imagem e assista ao vídeo sobre o tema. Caso não tenha o aplicativo, acesse a página do YouTube: **youtube.com/momentoA2**

Conquista

Como você tem acordado? Dizem que a forma como acordamos determina como iremos passar o restante do nosso dia. Normalmente, é sempre aquele corre-corre e acaba que não dedicamos tanto tempo a quem amamos. **Nossa proposta é que você faça diferente.** Ao acordar, **dê um abraço de trinta segundos no seu amor**, colado mesmo, sem pressa para soltar. A ciência diz que o abraço libera a oxitocina, que é o hormônio do prazer. Se você já começa o dia liberando esse hormônio do prazer no seu amor, imagina como serão as noites de vocês? Além do que seu cônjuge vai se sentir superamado já ao amanhecer.

#ficaAdica #Abraço30segundos #darrell&marcia

Como foi para você começar a abraçar por trinta segundos o seu amor? Escreva abaixo a sensação que teve.

VÍDEO – O CAMINHO DA TRAIÇÃO – SEGREDOS E MENTIRAS

Abra o seu aplicativo de **QR Code** no seu celular, aproxime a sua câmera da imagem e assista ao vídeo sobre o tema. Caso não tenha o aplicativo, acesse a página do YouTube: **youtube.com/momentoA2**

Intimidade

Há alguns homens que acham legal coisas que irritam profundamente as mulheres. Às vezes eles acham que estão arrasando, mas só afastam da esposa o desejo por uma noite de sexo. Tem mulher que odeia ser agarrada por trás enquanto está na cozinha lavando os pratos, e outras que não suportam aquela "mão boba" sempre no mesmo lugar antes de dormir. Se você já viu que não dá certo essas velhas técnicas, que tal procurar outras áreas do corpo dela? A mulher tem muitas áreas erógenas por todo o corpo, e algumas você ainda nem descobriu.

#ficaAdica #AcerteORitmo #darrell&marcia

Qual é a "brincadeira" que você sabe que faz e sua esposa não gosta? Qual a "pegada" que seu marido vem dando que você não suporta? Escreva abaixo e converse sobre isso.

____

____

____

____

____

____

VÍDEO – COMO SER FELIZ NA CAMA

Abra o seu aplicativo de **QR Code** no seu celular, aproxime a sua câmera da imagem e assista ao vídeo sobre o tema. Caso não tenha o aplicativo, acesse a página do YouTube: **youtube.com/momentoA2**

DICA TOP + CURTIDA

Conquista

Você sempre fala "Eu te amo"? Você escuta isso sempre? É normal para vocês? Muitas mulheres sofrem porque a última vez que ouviram essa frase foi na noite de núpcias. O marido se envolveu em tanto corre-corre da vida que se esqueceu de algo tão simples e eficaz. Se você se dedicar a falar verdadeiramente e de forma sincera um "Eu te amo", pode mudar a forma como uma pessoa vive e se conectar emocionalmente com ela de forma intensa.

Quer ser ainda mais poderoso? Olhe nos olhos de sua esposa, esqueça o restante do mundo e fale direto do coração: "Eu te amo".

#ficaAdica #EuTeAmo #darrell&marcia

Como foi para você? E para seu amor?

____

____

____

____

VÍDEO – SEXO, PRESENTE DE DEUS

Abra o seu aplicativo de **QR Code** no seu celular, aproxime a sua câmera da imagem e assista ao vídeo sobre o tema. Caso não tenha o aplicativo, acesse a página do YouTube: **youtube.com/momentoA2**

Prioridade

Uma coisa que tem atrapalhado muito as pessoas de serem felizes na cama é o fato de não se prepararem para o ato sexual. Com a vida cada vez mais agitada e o estresse que todos nós vivemos, é normal deixar o sexo para segundo plano. Você fica preocupada com outra coisa, e é cada vez mais difícil parar para ainda planejar como seduzir o seu marido. Às vezes, é um esforço que você acredita que não vale a pena. Esse abalo emocional dificulta seu ânimo, atrapalha sua lubrificação e, se você não parar e, se concentrar, vai cada vez mais ficar desestimulada com o ato sexual.

Portanto, **se hoje é o dia, programe-se.** Desacelere do corre-corre, escute uma música relaxante, tome um banho, leia o livro bíblico de Cantares e entre no clima.

#ficaAdica #SePrepare #darrell&marcia

Mudou um pouco a rotina? Foi melhor ter se preparado? Escreva abaixo.

____

____

____

VÍDEO – 6 PASSOS PARA TER MAIS ROMANCE NA VIDA SEXUAL

Abra o seu aplicativo de **QR Code** no seu celular, aproxime a sua câmera da imagem e assista ao vídeo sobre o tema. Caso não tenha o aplicativo, acesse a página do YouTube: **youtube.com/momentoA2**

Conquista

Quer deixar seu cônjuge com vontade de ter mais momentos de amor com você? Mude sua roupa. Isso mesmo. Jogue fora aquela calcinha com a qual você sabe que não fica *sexy*.

Marido, se desfaça daquela cueca folgadona e escolha um pijama bonito e moderno, em lugar de usar qualquer camisa velha para dormir. Mulher, esqueça a toca na hora de ir para a cama, porque sem dúvida isso diminui o apetite sexual do seu marido, e troque o sutiã, porque passar uma semana com o mesmo sutiã não aumenta o tesão de homem algum.

#ficaAdica #SeProduza #darrell&marcia

O que mais você precisa mudar para aumentar o apetite sexual do seu amor? Escreva abaixo.

____

____

____

____

____

____

VÍDEO – CASEI COM OS PROBLEMAS DELE

Abra o seu aplicativo de **QR Code** no seu celular, aproxime a sua câmera da imagem e assista ao vídeo sobre o tema. Caso não tenha o aplicativo, acesse a página do YouTube: **youtube.com/momentoA2**

Prioridades

Você já deve ter escutado de várias fontes a importância de uma vida saudável com boa alimentação, bom sono e, claro, muitos exercícios. Para uma vida sexual saudável, isso também é importante, principalmente a prática de exercícios físicos. Os exercícios irão ajudar a melhorar o fluxo sanguíneo no corpo inteiro, incluindo seus órgãos sexuais. Isso, claro, vai melhorar sua excitação. Além disso, a prática regular de exercícios vai liberar uma série de substâncias que vão trabalhar para o seu bem-estar,, e contribuindo para melhorar muito seu humor e sua disposição.

#ficaAdica #ExerciciosSempre #darrell&marcia

Quais exercícios você vai começar a fazer a partir de agora? Escreva abaixo.

VÍDEO – 6 MENTIRAS QUE LEVAM À SEPARAÇÃO

Abra o seu aplicativo de **QR Code** no seu celular, aproxime a sua câmera da imagem e assista ao vídeo sobre o tema. Caso não tenha o aplicativo, acesse a página do YouTube: **youtube.com/momentoA2**

As Famosas Tarefinhas

As tarefinhas são uma marca registrada dos grupos de casais A2, que lideramos em várias cidades.

É um bônus que trouxemos no final do livro para ajudar ainda mais você a dar aquele *upgrade* no seu casamento e ficar de uma vez por todas ***top* das galáxias.** Use e abuse delas e repita sem moderação.

Aqui estão algumas de uma pesquisa que fizemos que irão ajudar vocês. Vamos compartilhar aqui dez das que fazem mais sucesso para que você possa melhorar seu relacionamento.

Que tal definir um mapa? Sim, um mapa da mina. Hoje é dia de caça ao tesouro, e você vai mandar para seu amor, via WhatsApp ou outro meio, mensagens formando uma frase que no final deixe claro o que você quer com ele no final do dia. Juntando todas as partes da mensagem, seu amor irá descobrir que a noite promete.

Dia de trocar de roupa. Sim, esqueça aquela *lingerie* suada e muito usada e compre uma nova. Depois envie a foto só da *lingerie* para seu amor e diga o que vai estar esperando por ele mais tarde. O marido também pode ter a iniciativa de presentear a esposa com uma *lingerie* do gosto dela. Sem dúvida, tal gesto será muito apreciado por ela.

Saia da rotina! Que tal vocês programarem uma viagem para uma pousada mesmo perto, ou um hotel de campo e viverem uma nova lual de mel? Novos ambientes podem inspirar novas ideias e otimizar a vida sexual de vocês.

Perfumes e velas aromáticas ativam os sentidos e podem fazer a noite de amor de vocês ainda mais romântica e especial. Que tal hoje à noite você perfumar o quarto?

Depois de um dia duro de trabalho, uma massagem é muitas vezes a melhor coisa do mundo. Tenha a iniciativa e massageie com óleos e cremes perfumados. Poderá também acender umas velas e criar um ambiente mais *sexy* e favorável ao amor.

Já tomaram banho juntos? Que tal hoje mudar a rotina de vocês e invadir esse momento? Claro que você precisa entender se ele ou ela permite essa intimidade. Se seu amor topar, vocês terão uma experiência íntima e diferente.

Que tal você ir a uma gráfica e imprimir uma folha de cheque, no formato maior que você conseguir, e escrever nele o valor de 1.000 beijos? Envie-o para ele, ou para ela, no trabalho, de forma que seu amor seja surpreendido com esse checão, que irá ativar coisas maravilhosas na vida sexual de vocês. Vale cada centavo esses 1.000 beijos, viu?

Você se lembra do telegrama? Claro que não, né? Hoje é tudo via WhatsApp. Mas, olhe, o telegrama lembrava coisas urgentes que precisavam ser avisadas e deixavam as pessoas alertas. Como não temos mais essa ferramenta, que tal você usar os correios e mandar uma carta para seu amor falando das coisas que você tem para oferecer a ele quando chegar em casa. Envie essa carta com um aviso de notificação para o trabalho dele (a), porque, quando ele (a) receber, você saberá e aí já poderá preparar a supersurpresa que prometeu na carta quando seu amor chegar em casa.

Deixar bilhetes ou *post-it* espalhados é uma demonstração de amor simples de realizar, carinhosa e marcante, instigante e provocativa. Escreva diversos bilhetinhos com frases carinhosas e brincadeiras e espalhe pelas gavetas dele (a), ou coloque-os na mochila, na pasta de trabalho ou quem sabe na mala em que ele (a) fará uma viagem de negócios. Até mesmo dentro do carro. Se você desejar, pode até criar alguma expectativa nos bilhetinhos, prometendo alguma noite especial etc. O efeito é afrodisíaco. Seja criativa (o).

Saia da sua zona de conforto. Muitas vezes, para surpreender o nosso cônjuge, basta fazer algo que ele não esperava, ou que você sempre se negou a fazer, mas que sabe que ele ou ela sempre quis. Pode ser uma aventura, como pular de asa-delta, ou uma atitude atrevida e corajosa, algo que ele não esteja esperando. Não tenha medo de sair da sua zona de conforto e se desafiar para ser feliz!

Quer saber mais da gente?

O que é #momentoA2

Darrell e Márcia lideram um movimento de casais, formado com bases cristãs. É uma turma superanimada que defende e acredita na família e entende que Jesus é o principal elo no nosso casamento. Esse movimento, é supernovo. Nasceu em 2014, na Paróquia Anglicana Espírito Santo (PAES), na região metropolitana de Recife, e hoje já se espalhou por várias outras igrejas, abençoando diversas denominações.

Conquistar casais para esse propósito, edificar famílias e manifestar o poder do evangelho em todas as dimensões, esse é o nosso objetivo. Para isso, temos gerado ações e conteúdo que já chegaram a vários países do mundo. Treinamentos e cursos para casais acontecem com nosso material, e temos sido muito abençoados em poder acompanhar o crescimento do Reino de Deus e a proteção da família.

Caso você faça parte de uma comunidade, apresente nosso projeto ao seu líder de casais ou pastor. Ele poderá levar para sua igreja todo o nosso conteúdo, participar de nossas campanhas, jornadas, cursos e desafios para casais, e com isso abençoar muito mais gente.

Para ter mais informações sobre como você pode aproveitar mais desse ministério em sua comunidade escreva para nós:
contato@darrellemarcia.com.br

Grupos de Casais A2

Você sabia que todo esse movimento começou com seis casais em nossa casa? Sem esperar, sem nunca planejar, Deus já sabia que você estaria lendo este livro. Nós não. Apenas começamos reunindo os casais, estudando a Bíblia e livros para casais. Daí surgiram as células A2, que são nossos grupos de casais, e também a **#TvA2**, o **#momentoA2**, os livros e todo um trabalho de Deus em nossa vida. Dá para acreditar?

Hoje nos reunimos em diversos grupos de casais, onde estudamos a Palavra de Deus e interagimos como casal, ajudando uns aos outros. Temos um desejo de ser cada vez mais próximos da igreja de Atos 2 e entendemos que isso não pode ficar só para nós. Por isso seguimos o "Ide" de Cristo, em Mateus 28.19, e todos os dias estamos focados em fazer discípulos.

São esses os grupos de célula A2. Caso ainda não faça parte de uma célula, nem de uma igreja, queremos o (a) convidar a viver isso com a gente. É gratuito e só precisa ser casado.

Confira em nossas redes sociais se na sua cidade já tem um grupo de células A2. Várias cidades no Brasil já estão implantando, e isso tem sido transformador para os relacionamentos.

Se sua igreja ainda não tem um grupo como esse e você tem interesse em implantar, converse com seu pastor. Estamos à disposição para ajudá-los aí na sua cidade e com isso abençoarmos ainda mais famílias.

Evento #momentoA2

Se você já segue a gente nas redes sociais, deve conhecer o #momentoA2, nosso evento de colheita da rede de células A2, que tem impactado todas as cidades onde o programa já acontece.

Todos os meses nos reunimos em um sábado à noite para viver o **#momentoA2**. Fazemos um evento gratuito em um hotel, onde durante uma noite divertida e descontraída, com dinâmicas, clima de romance e uma palestra temática, levamos os casais a retomarem o clima de namoro e se conscientizarem da importância de investir em seu casamento.

Esse evento tem sido um divisor de águas, e várias famílias são restauradas por conta do agir de Deus, através da participação nele.

Além do programa #momentoA2, Darrell e Márcia têm viajado por todo o Brasil, em várias igrejas, congressos e conferências, espalhando o amor. Você pode acompanhar as palestras deles presencialmente, caso ocorra alguma na sua cidade ou se conectando pelo Facebook ou Instagram para acompanhar ao vivo.

Para conhecer a agenda deles e para convites, acesse: **www.darrellemarcia.com.br** ou envie e-mail para **contato@darrellemarcia.com.br**

A TV do amor

#TvA2

Normalmente investimos em carros, casas, na nossa profissão, muitas vezes até em um esporte preferido. Mas quanto tempo você tem investido em aprender mais do seu casamento?

Essa é uma pergunta que muitos não se fazem, mas a maioria das pessoas colhe os frutos de não dedicar tempo ao bem mais precioso que tem, que é sua família.

Se é tão importante, por que não dedicar um tempo, cinco ou dez minutos por semana para aprender como lidar melhor com minha família? Como cuidar do meu cônjuge e cativá-lo? Como enfrentar os desafios e problemas do dia a dia?

As respostas para essas questões estão em um canal de TV criado para sua família. A TV do amor tem sido um mecanismo de bênçãos para muitos casais, e você pode ser abençoado (a). Inscreva-se gratuitamente em **www.youtube.com/momentoA2** para que toda semana você receba um dos nossos vídeos.

Ao se inscrever, ative o sininho, para ser notificado sempre que sair um vídeo novo.

Um dado importante que temos constatado: os casais que se dedicam a assistir pelo menos dois vídeos por semana, que sentam, anotam e conversam sobre os ganhos, têm obtido uma evolução significativa em seus relacionamentos.

Se você tem tempo para redes sociais, manicure, futebol ou para os seu amigos, ajuste-o levando em conta suas prioridades e assuma um compromisso de investir tempo na sua mente e no seu coração, preparando-se para ser um marido ou esposa melhor. Seus filhos agradecem.

WhatsApp do Amor

O mesmo WhatsApp que às vezes afasta o casal, tem se transformado em uma ferramenta de bênçãos através do trabalho que Darrell e Márcia têm feito nas redes sociais. Agora, direto no seu celular e gratuitamente, você pode receber o melhor conteúdo da internet brasileira e abençoar seu casamento.

É só você salvar o nosso número 81 9 97993235 como **#TvA2** Darrell e Márcia, depois mandar uma mensagem para nós com seu nome, nome do seu amor e sua cidade e aguardar para que você seja cadastrado em nossa base de dados e receba um conteúdo abençoador que vai motivar você a continuar cuidando do seu bem mais precioso.

Salve na sua agenda:

8199799.3235

WhatsApp

Tv #Momento A2

Envie uma mensagem com seu nome, cidade e nome do seu amor, e se cadastre para receber o whatsApp #TvA2.

Vídeos - Mensagens - Oração do Casal - Dicas

A gente indica

Darrell e Márcia

Darrell e Márcia são casados há 21 anos e têm 3 filhos: Emilly, 19, Darrell Filho, 11 e Dyllan, 8 anos. Ele é *coach* de relacionamento, escritor e conferencista, e ela é psicóloga, escritora e conferencista. São completamente apaixonados por Jesus e pelo que ele tem feito em casamento e em sua família. Passam diariamente pelos desafios que todos os casais enfrentam, mas resolveram pedir ajuda ao criador do casamento e começaram esse movimento que valoriza o **#momentoA2**.

Hoje, além de liderarem a rede de casais da PAES, a **#redeA2**, eles também têm um canal no YouTube, a **#TvA2**, são colunistas do portal Familia.com.br, e têm um quadro na rádio Maranata Fm.

Para se conectar com o casal, acesse as redes sociais:

Facebook.com/darrellemarcia

Instagram.com/darrellemarcia

Twitter.com/darrellemarcia

Ou o *site* www.darrellemarcia.com.br

Conheça nossas redes socias:

www.darrellemarcia.com.br

/momentoA2

/darrellemarcia

@darrellemarcia

@darrellemarcia

Celebre o amor

Ainda que eu fale as línguas dos homens e dos anjos, se não tiver amor, serei como o sino que ressoa ou como o prato que retine.

Ainda que eu tenha o dom de profecia, saiba todos os mistérios e todo o conhecimento e tenha uma fé capaz de mover montanhas, se não tiver amor, nada serei.

Ainda que eu dê aos pobres tudo o que possuo e entregue o meu corpo para ser queimado, se não tiver amor, nada disso me valerá.

O amor é paciente, o amor é bondoso. Não inveja, não se vangloria, não se orgulha. Não maltrata, não procura seus interesses, não se ira facilmente, não guarda rancor. O amor não se alegra com a injustiça, mas se alegra com a verdade. Tudo sofre, tudo crê, tudo espera, tudo suporta.

O amor nunca perece; mas as profecias desaparecerão, as línguas cessarão, o conhecimento passará. Pois em parte conhecemos e em parte profetizamos; quando, porém, vier o que é perfeito, o que é imperfeito desaparecerá. Quando eu era menino, falava como menino, pensava como menino e raciocinava como menino.

Quando me tornei homem, deixei para trás as coisas de menino. Agora, pois, vemos apenas um reflexo obscuro, como em espelho; mas, então, veremos face a face. Agora conheço em parte; então, conhecerei plenamente, da mesma forma com que sou plenamente conhecido.

> *Assim, permanecem agora estes três: a fé, a esperança e o amor. O maior deles, porém, é o amor.*

(1Co 1-13)

#Desafio30DiasDoAmor

Certa vez ouvimos de um casal que tinha muito tempo de casamento o que seria o diferencial, em um mundo onde as pessoas tornam os casamentos temporários, eles conseguirem passar tantos anos juntos.

Eles falaram que eram de uma época que quando as coisas quebravam se consertava e não se jogava fora.

Essa é a mesma crença que nós temos:

Casamento não é algo que tá ruim a gente troca, casamento é algo que quando tá com problema a gente senta e resolve.

Por isso, criamos o **#Desafio30DiasDoAmor** o mais empolgante desafio para fazer novo o seu casamento sem trocar de par.

Milhares de casais já fizeram esse Desafio em todo o Brasil e se você ainda não foi abençoado por esse projeto de Darrell e Marcia comece agora.

Para participar acesse **www.desafio30diasdoamor.com.br** e se informe como você pode participar.

Caso você queria divulgue na sua igreja, pois nesse programa existe todo um material de apoio para grupos em igrejas. Converse com seu pastor e para ter mais informações sobre o projeto envie email para **contato@darrellemarcia.com.br**

Minhas Decisões

Você tomou decisões importantes? Anote abaixo e comece a colocar em prática as atitudes que mais o (a) tocaram. Depois comente com a gente nas redes sociais **@darrellemarcia** o que mais impactou sua vida nessas 100 dicas.

Que Jesus abençoe ricamente sua família!

Sua opinião é importante para
nós. Por gentileza, envie seus
comentários pelo e-mail
editorial@hagnos.com.br

UNITED PRESS
um selo editorial hagnos

Visite nosso site: www.hagnos.com.br

Esta obra foi composta na fonte
Frutiger corpo 11,5.
Foi impressa na
Imprensa da Fé.
São Paulo, Brasil.
Primavera de 2017